Überlinger See
Langenrain
Kargegg
Wallhausen
Nussdorf
Fregdental
Dettingen
Dingelsdorf
Kaltbrunn
Allensbach
Gnadensee
Unterzell
Mittelzell
Oberzell
Reichenau
Hegne
Mainau
Litzelstetten
Schopfeln
Untersee
Egg
Wollmatingen
Allmannsdorf
Mannenbach
Stad
Staad
Arenenberg
Ermatingen
Petershausen
Salenstein
Gottlieben
Konstanz
Triboltingen
Emmishofen
Kreuzlingen
Langenhart
Illhart
Lipperswil
Ob.
Lamperschwil
Unt. Newilen
Bottighofen
LR 81

Ludwig Finckh, Gaienhofener Idylle

Ludwig Finckh

Gaienhofener Idylle

Erinnerungen an Hermann Hesse

Verlag Karl Knödler
Reutlingen

Bildnachweis:
Max Bucherer: Holzschnitte und Zeichnungen, Seiten
12, 25, 41, 57, 70, 77, 119.
Hugo Boeschenstein: Holzschnitte, Seiten 31, 34, 37, 45, 49, 64,
67, 81, 97, 101.
Hilde Geiger: Scherenschnitt, Seite 78.
Els Bucherer: Fotografie auf Seite 121.
Martha Scheuing: Fotografie auf Seite 11.
Die Karte des Untersees zeichnete Lothar Rohrer.

2. Auflage

Printed in Germany 1992
Herstellung: Druckerei Harwalik GmbH, Reutlingen
ISBN 3-87 421-107-X

Inhalt

Vorwort

Beim Sichten von Resten des Nachlasses von Ludwig Finckh stießen wir Ende 1980 auf diese Aufzeichnungen, die nach dem Zweiten Weltkrieg bis 1952 entstanden sind.

Die Anlässe dieser Erinnerungen an Hermann Hesse in Gaienhofen waren vielfältig: Hermann Hesse lebte in der friedlichen Schweiz. Er erfuhr durch die Verleihung des Goethe- und des Nobelpreises weltweite Anerkennung und höchste Ehrung; sein 70. und dann 75. Geburtstag (1952) förderte und forderte die Rückschau. Und schließlich arbeitete Ludwig Finckh gerade an der Novelle »die Verzauberung«, die »Lauscher« und »Ugel«, Hesse und Finckh, 1899 in Kirchheim unter der Teck erlebt hatten.

Kurz vorher (1980) hatte ein Sammler aus einem Nachlaß einige Durchschriften erworben, die dem ehemaligen westdeutschen Hermann Hesse Archiv entstammten, und von Ludwig Finckh verfaßt, als Privatdruck hätten veröffentlicht werden sollen; ein Plan, der nie Wirklichkeit wurde. Das dazu gehörende Inhaltsverzeichnis enthielt 16 der hier vorgelegten 23 Erzählungen, und als Titel war vorgesehen: »Gut, daß man das einmal gehabt hat.«

Bei der Veröffentlichung dieser nachgelassenen Erzählungen haben wir weitgehend die Schreibweise des Autors beibehalten, was auch zu manchen kleinen Wiederholungen führt. Der Leser möge dies entschuldigen.

Gaienhofen ist Erholungsort und Verwaltungsmittelpunkt der Halbinsel Höri am Untersee geworden und hat eine neue Schule, die »Hermann-Hesse-Schule« gebaut. Die Gemeinde richtete 1988 das »Hörimuseum« ein, das unter anderem Hermann Hesses Leben und Wirken zwischen 1904 und 1912 in Gaienhofen darstellt.

Hier befindet sich auch die »Ludwig-Finckh-Stube«, die das Arbeitszimmer des Dichters mit zahlreichen Exponaten zeigt.

Dieses Buch soll dazu beitragen, an die Zeit und Lebensformen, die von unseren Dichtern und Malern als Paradies empfunden worden waren, zu erinnern.

Burkhard von Kutzleben

Gaienhofen, im Januar 1992

Hermann Hesse und Gaienhofen

Die Verleihung des Nobelpreises für Literatur an Hermann Hesse für 1946 läßt auch das Dorf Gaienhofen wieder aufleuchten. –

Die Maulbronner, Tübinger und Basler Zeit mit ihrem Sturm und Drang lag hinter ihm. Hermann Hesse hatte eben durch den »Peter Camenzind« seinen jungen Ruhm begründet, als er – Schwabe von Geburt und von der Mutterseite, Gundert, her, von Calw im Schwarzwald, – 1904 aus Basel kommend, wo er Buchhändler gewesen war, in dem kleinen Dorf Gaienhofen bei Radolfzell am Untersee seine erste Heimstätte fand. Er hatte sich ein altes Bauernhaus bei der Kapelle gemietet, in das er 28-jährig, mit seiner Frau Maria Bernoulli, aus dem Basler Mathematikergeschlecht, nun für eine arbeitsvolle Zeit einzog.

Man darf diese Gaienhofer Jahre bis 1912 in seiner Entwicklung nicht vergessen: ein Leben mit der Natur in fast bäuerlicher Einfalt. Sie brachten ihm eine reiche Ernte herrlicher Verse, Novellen und Erzählungen, und Hesse selbst hat ihrer oft und immer wieder dankbar in seinen späteren Büchern gedacht. In Gaienhofen wurden ihm seine drei Söhne geboren; er ging fast im Garten- und Landleben auf, er liebte sein Boot auf dem See und seinen Badplatz unter den Pappeln, den Wald, den Berg und die Freunde. Als seine Familie größer wurde, ließ er sich 1907 von dem jungen schweizer Architekten Hans Hindermann aus Basel ein neues Haus über dem Erlenloh bauen – von hier aus zog er nun oft hinaus nach Konstanz, nach München, an den Rhein zu Vorlesungen, hier empfing er die Freunde, die sich um die von ihm und Konrad Hausmann gegründete Zeitschrift »März« gesammelt hatten, – Ludwig Thoma, Albert Langen, Gulbransson, – hier malten, sangen und musizierten Max Bucherer, der Holzschneider und die Maler, die nun allsommerlich von München herkamen, Ludwig Renner und Otto Blümel, die ganz mit Gaienhofen verwuchsen. –

Es war eine unwahrscheinlich anmutende sorgen- und wolkenlose Zeit, das *Gaienhofer Idyll,* dem der allerdings nach weiten Zielen strebende Dichter mählich entwuchs. Von seiner Kindheit her – er war als Knabe von 2 Jahren mit seinen Eltern nach Basel gekommen, wo er bis zu seinem 9. Lebensjahr blieb, um wieder mit ihnen nach Calw zurückzukehren, – lag ihm die Schweiz, der er durch welsch-schweizerische Ahnen seiner Großmutter Dubois angehörte, und, aus der Missionstätigkeit seiner Eltern in Indien, die indische Ferne im Sinn. So ist es kein Wunder, daß er, nach einer Reise nach Indien, 1913 die Bodenseeheimat verließ und in die Schweiz, zuerst in das Haus seines Freundes Albert Welti nach Bern, dann an den Luganersee nach Montagnola

Hermann Hesse in Montagnola

zog. In Bern hatte er 1923 das Schweizer Bürgerrecht erworben. – Seine weltweite Dichtung wurde jetzt, kurz vor seinem 70. Geburtstag im Juli 1947, mit dem gebührenden Preis gekrönt.

18. November 1946

Hermann Hesse

Der Lehrmeister

Ich weiß noch gut, wie ich zum ersten Mal dein Boot bestieg, das du so innig liebtest, und wie du mich rudern lehrtest. Du holtest weit aus, tauchtest die Ruderlöffel senkrecht ein und zogst das Wasser gemächlich zu dir her, daß das Boot drei, vier Meter weit davon schoß. Ich ahmte dir getreulich nach, nicht ohne ein paar Mal, da ich nicht Takt hielt, mit deinen Löffeln zusammenzugeraten. Aber du warst geduldig und freutest dich an meinen Fortschritten. Wir pflügten nun den See, und du weihtest mich in die Gepflogenheiten und Geheimnisse der Uferbewohner ein. Wir grasten das ganze schweizer Ufer miteinander ab, zuerst das gegenüberliegende Städtchen *Steckborn,* wo wir einkauften, im »Leuen« oder in der »Krone« tafelten – Schübling und Schweizerkäse, mit einem Glas Hallauer begossen – uns beim Friseur rasieren ließen, die Pfahlbaufunde im »Turmhof«* bestaunten und bald in Läden und Häusern besser zu Hause waren als auf dem deutschen Ufer. Denn hier waren die Fischerdörfer, die mit einem Teil auf vorspringende Hörner und Nasen in den See hineingebaut waren, seit Jahrzehnten zu einer gastlichen Kultur entwickelt worden, zu kleinen

* Heute Heimatmuseum

Kurorten, in denen die Württemberger aus Stuttgart im Sommer mit Vorliebe ihre Ferien verbrachten. Riesige alte Birnbäume säumten die Landstraße, und man konnte diese verdammt schöne Landschaft am Untersee, von der Höhe bis in den Hegau, in vollen Zügen genießen. Bei uns drüben lag alles noch im Argen, – aber war nicht gerade das, diese Einsamkeit und Abgeschnittenheit von der Welt, was wir gesucht hatten?

Die Bauernfrauen brachten allwöchentlich ihr Gemüse in Körben auf den Markt in die Schweiz,

Postkarte Finckhs an seinen Schwager:
»G., 31. 8. 06. L(ieber) a(lter) Schw(ager)! Gestern mittag haben Fritz, Hesse, Max u. ich unser Boot im Triumpf von Gottlieben geholt, erst segelten wir auf die Reichenau zu den Blitzkindern, wo wir festlich bewirtet wurden, dann bestellte ich beim Reichenauer Bootsmann ein schönes, neues, großes Segel mit Focksegel vorn: zusammen um etwa M. 16! nebst Patentreffer. Die Reichenauer habens bewirkt; sie stiften ein paar Flaggen dazu. Abends gings heim. Das Boot ist entzückend, fährt sehr gut u. findet überall Bewunderung. Es kostet mit Eisenleiste außen 178, Pumpe 5. Dazu Landungssteg Drahtseil (40 m), Rolle, Ketten, Stein etc. etwa 20 M! Rettungsring 10 M, Horntute 3.60. Kompaß 3.20. Das wird alles sein. Wärst du bald so gut? Der Schuppenbau schreitet vorwärts; der Grund ist ausgehoben. E(duard) L(udwig).«

G. 31-8-06.

L. u. Schw.! Gestern mittag haben Fritz, Grete, May u. ich unser Boot im [illegible] von Gottlieben geholt. Dann segelten wir auf dem [illegible] zu. Die Blitzkinder von uns [illegible] bereitet wurden. Dann bestellte ich beim Kaufmann [illegible] ein schönes neues großes Segel mit [illegible]

zusammen um etwa M. 16! nebst [illegible]. Die Kaufleute haben [illegible]. Sie schicken mir gern Flaggen dazu. Abends ging's heim. Das Boot ist [illegible] sehr gut u. findet überall Bewunderung. Es kostet [illegible] außer 178 [illegible] 5. Dazu kommt noch [illegible] (40 M) Rollen, Ketten, [illegible] etc. über 20 M! Rettungsring 16 M [illegible] 3.60. 1 Kompass 3.20. Das leidet allerdings [illegible] Du bald so gut 2 [illegible]: Der [illegible]

E. S.

vor allem die Zwiebeln, und bekamen dafür ein paar Rappen mehr als sie in Radolfzell gelöst hätten; aber es war ihre Erholung, ihr Vergnügen, und sie wollten es sich nicht nehmen lassen. –

Da war das nächste Dorf *Berlingen,* in dem ein uns befreundeter Maler wohnte, Bruno Goldschmit, in einem stattlichen alten Schweizerhaus, der »Seeschau«, und bald hatten wir auch mit jedem Fischer und Bürger von Berlingen einen Schoppen getrunken. Entlang der einzigen schmalen Hauptstraße am See fuhr auch das Schweizer Zügle nach Konstanz, das von Zürich und Schaffhausen herkam, und mit dem wir meist zurückfuhren, wenn wir in der Stadt zu tun gehabt hatten, – um von Steckborn aus uns, wenn nicht von der eigenen Gondel, so durch den Fährmann, den alten Jakob, über den See rudern zu lassen. Er tat es freilich nur bei gutem Wetter, und man mußte immer noch tüchtig mitziehen; war Sturm auf dem See, so holte uns auf Abrede der Gaienhofner Schiffsmann Keller, der sich vor keinem Wetter fürchtete. Es war aber, wie ich später einsah, nicht ungefährlich, und man mußte den Wind und die Wogen wohl sehen und berechnen, um sie richtig abzufangen, – oft mit rasch quergestelltem Boot, daß sie vorüberbrausten. Das machte mir einen Heidenspaß, und ich hatte dann bald ein eigenes Boot erstanden, und ließ mir gar ein Segelboot mit Schwert, – Senkkiel, – und Mast bauen, den »Seeigel«, und lernte allmählich zünftig segeln. Aber das war noch mehr das Verdienst eines Mädchens, das mir – vergeblich – einen anderen, kurzen Ruderschlag beizubringen strebte, den »Reichenauer«, – und das dabei meine Frau wurde.

Ach, was haben wir jedes Jahr unsere Gondeln im Frühjahr neu gestrichen und geteert, und wie war das wichtig, die Farbe zu wählen, grün oder rot und weiß, und sie richtig aufzutragen, nicht zu dick, und gut trocknen zu lassen! Ich hatte ein langes Brett als Landungssteg im See aufgeschlagen, und die Boote lagen in der »Schwebhenke« daran. Manchmal mußte ich bei Sturm in der Nacht vom Berg hinunterspringen, um zu sehen, ob die Stricke und Ketten gehalten hatten! Welche Sorgen! –

Hier muß ich einflechten, daß wir für Nebeltage natürlich unseren Kompaß bei uns hatten, – gewöhnlich genügte das sichere Gefühl der Richtung, Boots- und Nasenspitze scharf geradeaus auf einen Punkt, einen bestimmten Baum, ein Haus, um schnurgerade aufs Ziel zu steuern; aber einmal im Nebel, da wir auf den Zug nach Steckborn fahren wollten, wagten wir es, ohne Kompaß nach unserem sicheren Gefühl geradeaus den Seeweg zu finden, es gab ja auch Laute, Glockenschläge, Hundegebell, Rufe überm See, – wir zogen und fuhren und suchten 2 Stunden lang das schweizer Ufer, das sonst in 10 Minuten zu erreichen war, – es mochte ebensogut nach Ostindien gehen, – bis wir endlich glücklich an Land kamen, am eigenen Ufer, einige 100 Meter von unserer Abfahrtsstelle entfernt, – und es erwies sich, daß der Mensch im Nebel im Kreis herumfährt, weil seine Arme ungleich stark sind, beim Rechtshänder der rechte Arm den Ausschlag gibt. Wir haben damals fast Blut geschwitzt. –

Zweimal in der Woche fuhr auch ein schweizer Dampfschiff nach Konstanz, ein alter Kohlenfresser, und wir benutzten es zu Lustfahrten, um Besorgungen dort zu machen. Bald waren wir mit den Schiffsleuten vertraut und befreundet, sodaß wir auch selber das Steuer in die Hand nehmen durften; ich saß meist vorn im Bug auf dem Geländerrand vor der Schiffsglocke, um die Wasserfläche, die Haubentaucher und die Fischerboote zu beobachten. So fuhren wir die Reichenau an, die glückliche, die damals noch keine Gäste und nur eine Gärtnerei hatte, und im Zickzack hinüber wieder zum schweizer Ufer, Mannenbach, wo es im »Schiffsgarten« so wonnig zu sitzen und zu ruhen gab, – nach Ermatingen, wo uns der »Adler« gastlich aufnahm, von der Schwester des Dichters J.C. Heer bewirtet, der auf der Höhe seines Ruhmes stand, und er selbst wohnte zuweilen dort. Als ich nach dem Brand meines Hauses einen Sommer lang mit meiner Frau auf der Reichenau lebte, im Hasenhof, einem Gütchen meines Schwiegervaters, des Bergrats Honsell, fuhr eines Tags ein Boot bei uns an, und heraus stiegen zwei Männer, Jakob Heer mit einem deutschen Dichter, Albert Herzog, uns zu besuchen, und zu baden. Denn das Ufer auf unserer Seite war mit Kieselsteinen bedeckt, langsam in den See absteigend, – während die schweizer Seite steil in die Tiefe ging.

Damals waren Mannenbach, Ermatingen, Salenstein unsere nächsten Nachbarorte, täglich mit dem Boot befahren; denn wir holten dort alles, was wir brauchten, und der Arenenberg mit seinem gelehrten Schloßverwalter Hugentobler war unser Ziel, wenn wir Gäste hatten. In Ermatingen lebte ja auch Eduard Heyck, der Historiker, der einst in Donaueschingen Bibliothekar des Fürsten von Fürstenberg als Nachfolger Scheffels gewesen war; auch Heyck fand den Weg zu uns nach Gaienhofen. –

Das Schiff fuhr nun in einer schmalen Rinne, die durch grüne Tannenbäumchen ausgesteckt war, – es war der Rheinstrom, – kunstvoll in Windungen dahin; auf deutscher Seite tauchte mit Schilf und grünen Wiesen das Wollmatinger Ried* auf, und irgendwo lag dort versteckt eine blaugrün gestrichene schwimmende Hütte, in der oft Vogelkundige, Dr. Noll-Tobler und seine Leute, verborgen saßen, um das Leben auf dem Wasser zu erforschen. In Gottlieben wieder wohnten befreundete Dichter und Maler, Robert Weise, Emanuel von Bodman, und die forsche alte Baronin Zuylen.

Da zog man am »Paradies« vorbei, mählich in den Bannkreis von Konstanz. War das doch eine wunderselige, unglaubhafte Märchenzeit!

Schräg gegenüber von Gaienhofen rheinab-

* Jetzt Naturschutzgebiet mit Europadiplom

wärts liegt Glarisegg, darüber die Ruine Neuburg. Hier im feinen alten Gasthaus saßen wir an Sommertagen und sahen unsere Halbinsel Höri vor uns liegen in ihrem ganzen Zauber unterm Schienerberg, am Ufer das Dörflein Wangen und Schloß Kattenhorn, Marbach hoch oben, noch Sanatorium, in dem viele deutsche und schweizer Herzkranke Genesung suchten. Eine Zeit lang war es eine Kuranstalt für Prinzen und Dichter, – auch Otto Julius Bierbaum, Hartleben, Albert Geiger hatten dort geweilt; ich ahnte damals nicht, daß ich einmal noch selber als Arzt im Lazarett auf Marbach wirken würde. –

Gegenüber in Mammern wieder kurierte Dr. Ullmann seine Patienten, ein kunstverständiger Mann, in Eschenz Dr. Schirmer, und in Stein am Rhein der ehrwürdige Dr. Rippmann; mit allen pflogen wir Freundschaft. Wir wanderten auf dem Seerücken ins Haidenhaus, auf die Hochwart, und als ich nachher das Büchlein »Bodensee« schrieb, waren mir Land und Leute, Hügel und Wasser eigen, um den ganzen See herum, – es gab wohl keinen, der alle Schluchten und Täler so durchwandert hatte.

So war mir der Bodensee Heimat geworden, Lebensinhalt, auf allen Seiten, – und dies war das Ergebnis, Hermi, deines Unterrichts, das begann, als ich damals zum erstenmal in dein Ruderboot einstieg.

16. Dezember 1947

Die Heimkehr

Den ganzen Vormittag freue ich mich schon: Hesse wird heute heimkommen! Soeben ist die Nachricht eingetroffen. Nach so langen Jahren, – 36! – in sein helles Haus und für immer! Wie wird er Augen machen, wenn er sieht, wie alles geworden ist!

Was werde ich rasch noch tun, ihn zu empfangen? – Ihm wieder Sonnenblumen vors Haus stellen, große gelbe Riesen, und dunkelrote Malven mit den Stengeln wie einst, ich muß sie gleich brechen, – gleich nachher, – wann kommt er denn, und wie?, zu Fuß, im Wagen, zu Schiff? Einsam, – mit Gefährten? Früher wäre er zu Fuß hergewandert; aber jetzt, gewiß im großen Wagen!

Da steht ein fremder Herr in meiner Stube, ohne Hut, mit roten Backen und kleinem schwarzen Schnauzbart, blauen Augen, – ich kenne ihn gut, wer ist es denn? Ah, ein Schweizer, ein alter Freund, Jakob .., Jakob Burckhardt! Wir begrüßen uns. – »Ja, wir wollen nur dem Hesse hier Grüetzi säge, wenn er vo Züri kommt!« – Und schon steht wieder einer da, mit braunem Vollbart, Hans Sturzenegger, der Maler, – und ein kleiner Blonder, Dr. Wackernagel von Riehen, – alle kommen sie, die Getreuen, Hesse zu empfangen, Heinrich

Altherr aus Basel, J.B. Widmann und Prof. Vetter aus Stein, Brunner aus Schaffhausen, Fritz Marti, und ich bin noch in den Hausschuhen, flanellenen geflickten, vor allen Schweizern, ich muß mich richten!

In der Küche ist meine Frau beim Einmachen, mitten unter Tomaten, Birnen, Pflaumen, sie hat keine Zeit, – »wo sind meine Schuhe?« – »Unten!« sagt sie und deutet hinunter. Ich tappe in die Waschküche hinunter; da ist eine fremde Frau, es wird wohl Frau S. sein, und ein Mädchen, sie waschen; aber ich sehe ja so wenig. »Wo sind meine Schuhe?« – Die Frau weist auf eine Bank auf der Schuhe, Sandalen und Stiefel stehen, schwarze und braune, – ja, welche sind nur die meinen? –

»Wann kommt er denn?«, fragt einer der Herren oben. Ich will anrufen in seinem Haus drüben. Aber was ist das? Das Telefon steht offen, ohne Wände mit Spulen und Drähten, das Kästchen aufgemacht, unmöglich zu sprechen. – Wer hat das denn getan? Frau S. zeigt auf das Mädchen. – Ach so, ein Schloßkind!* – Aber das geht doch nicht, Physik am Telefon zu treiben!

»Wo sind meine Schuhe?« – Da höre ich rufen. »Das Schiff kommt!« – So wie ich bin, springe ich hinaus, – merkwürdigerweise ist der See grad vorm Haus, – dort fährt schon das Schiff heran, es ist weiß, niemand auf Deck, nur ein einziger Reisender, in einem hohen Stuhl, zurückgelehnt, eine Brille auf, – Hesse! Ich rufe, schreie winke, –

*Schüler der Schule Schloß Gaienhofen

»Hermi!«, – er hört nicht, undurchdringlich schaut er voraus. –

Ich springe zurück, – »meine Schuhe, schnell!«, – da, ein großer Stiefel, ich stürze hinein, einerlei, knüpfe, – der andere, – ach, der hat ein großes Loch oben, so kann ich doch nicht . . ., vor den Schweizern, – ach, sie sollen nur sehen, wie wirs haben! – ich schlüpfe hinein, will den Nestel binden, er reicht nicht, reißt ab, – ich höre: die Herren sind alle fort, hinaus auf den Landungssteg, sie empfangen ihn, die hölzerne Brücke fällt, er steigt aus, – und ich bin nicht dabei! Jetzt, – einer spricht, – und ich wache auf. Langsam komme ich zu mir. Ein heftiger Schmerz in der Stirn, über dem rechten Auge, – Kopfschmerz. Es ist noch dunkel, 5 Uhr morgens, ich muß Saridon nehmen und Pilokarpin* in die Augen tropfen, wasche mir das Gesicht, den Kopf, die Haare, – ah, das tut gut! Und Hesse ist nicht gekommen! Es war nur ein Spuk. Gottseidank, – ich bin nicht zu spät gekommen!

13. September 1947

* Medikament gegen grünen Star

Das alte Bauernhaus

Auf dem freien Platz vor dem Schulhaus von Gaienhofen, wo die Kinder zwischen den Stunden sprangen und spielten, stand eine junge Linde, etwas älter als wir selber, eine Friedenslinde, und dahinter begann schon ein kleines Gärtchen, in dem Frau Maria Gemüse und Blumen zog, Kapuziner gelb und rot, die ihr Mann so liebte. Das nächste Haus mit den starken Fachwerkbalken war das Hessehaus. Es mochte nicht lange nach dem Brand des Dorfes im 30jährigen Krieg – 1632 – erbaut worden sein, denn die Eichenbalken waren so hart, daß sich die stärksten Nägel, die man hineinschlug, krummbogen.

In diesem einfachen Bauernhaus, gegenüber der Kapelle, dem Kirchle, wohnte und dichtete *Hermann Hesse* drei Jahre lang, 1904–1907. Es waren die glücklichsten Jahre seiner jungen Ehe. Nach dem gewaltigen Erfolg seines »Peter Camenzind« war er der gefeiertste Dichter in Deutschland, umworben und begehrt von Zeitschriften und Verlegern, und doch immer der bescheidene, tätige, zärtliche Mensch, allen offen und zugewandt, der den Dorfbewohnern Rätsel aufgab. – Schriftsteller? Was war das für ein unbekannter Beruf! Wir galten den Leuten als

Müßiggänger, – »so, gont ihr spaziere?« war der alltägliche Gruß für die »Schriftsetzer«, da wir keine Sensen trugen, wenn wir übers Feld gingen. Dabei war Hesse der fleißigste Arbeiter, den ich kannte.

Zu ebener Erde in der Südostecke des Hauses lag die altersbraun getäfelte Stube mit dem grünen Kachelofen und der Fensterbank um den Tisch, auf der wir saßen, wenn erzählt, gehört und gegessen wurde, der geliebte schwarze Kater Gattamelata schnurrte und ließ sich hätscheln, und der Hausherr holte ein Krüglein roten Seeweins aus dem Keller herauf. Nebenan, im kleinen Zimmer stand das Klavier, auf dem Frau Mia am Abend

Kapelle und altes Hessehaus

meisterlich spielte, oft Chopin, dessen Musik in manchen Versen Hesses durchzuklingen scheint. Ich wußte damals so wenig wie er, daß unter seinen estländischen Vorfahren eine polnische Ahnfrau aufspielte. Wenn dann Gäste kamen, – wir hatten in Konstanz Freunde gefunden, und Max Bucherer, der Dritte in unserem Bunde, Maler und Holzschneider, war von Gottlieben hergezogen, nahm er sie wohl mit hinauf in sein Arbeitszimmer im Stock über der Stube, wo die sorgsam gebundenen und gepflegten Bücher standen. Man sah vom Fenster hinaus auf den Bodensee und das schweizer Ufer gegenüber von Berlingen bis Konstanz, die Reichenau und der Bodanrück wurden gestreift, und der Brunnen im Vordergrund am nachbarlichen Brennhaus schloß die Sicht. Eine lange schwarze Brisago hatte er sich angesteckt, – es war immer ein fast feierlicher Augenblick, – er rauchte sie genußvoll langsam ab und ließ doch noch einen gehörigen Stumpen übrig, um dem Nachbarn, dem alten *Mesmernaz,* eine Freude zu machen, der von Woche zu Woche die in einem Becher gesammelten Tabakreste holen kam, um sie ebenso genußvoll vollends aufzuschmauchen. Voller Freude zeigte Hesse dann den Gästen, was er inzwischen in Büchern gemalt hatte, – hier fingen die ersten beglückenden Malereien an, die er dann später in Montagnola unter einem blaueren Himmel so farbenfreudig weiter entwickelte.

Hier entstanden nun die kostbaren Betrachtungen und Erzählungen der frühen Novellenzeit der »Berthold«, Vorarbeiten zum späteren »Narziß und Goldmund« und wundervolle Gedichte, die er uns beim abendlichen Lampenschein vorlas. In diesem Haus kam auch der älteste seiner drei Buben, Bruno, auf die Welt. –

Wir lagen in jenen Sommern viel im Boot auf dem See, sonnten uns, fuhren nach Steckborn hinüber oder ins »Schweizerland«, ein Gasthaus zwischen Steckborn und Berlingen, wo Rudolf G. Binding Ferienwochen verbrachte; oder wir lagen an unserem schilfumsäumten Pappelplatz Hornstaad zu, wo eine kleine Bucht den schönsten Badeplatz bot. In der Ferne tauchte die Insel Reichenau und im feinen Dunst das Münster von Konstanz auf. Es waren sonnige, unbeschwerte, sorgenlose Tage unter Blumen und Tieren, Haubentaucher und Wildenten schwammen um uns; grüne, goldene und rosenfarbene Libellen schwebten im Schilf, Eidechsen und auch unschuldige braune Ringelnattern sahen uns zu, sonnenhungrig wie wir selber. Manchmal zog Hesse, chattus puer, wie als Knabe in Calw mit dem Schmetterlingsnetz aus, ein Meister im Falterfang, und manchmal stand er am Ufer oder auf dem langen Landungssteg und hing die Angel ins Wasser, auch dies wohlgeübt an der Nagold im Schwarzwald.

Von Zeit zu Zeit besuchten wir Freunde in der Stadt, Wilhelm von Scholz in Konstanz, Emil Strauß, der damals noch in Überlingen wohnte, Emanuel von Bodman in Gottlieben; einmal wanderten wir von Emil Strauß her über die Felder und Wiesen nach Friedrichshafen und einmal fuhren wir nach Graubünden, ins Bergell, nach Bergün, wo Bodman nachts einen seltenen Schmetterling, den Alpenbären fangen wollte. Wir lernten bei der schmucken Wirtstocher rhätoromanisch und riefen nachher im Zug vergnüglich den Reisenden aus dem Fenster ein Wort zu, das als volkstümlicher Gruß gedacht war, – »Ronjux«, – aber an den befremdeten Gesichtern bald als ein bündnerischer Vetter des Schwäbischen Grußes erkannt wurde. Von Sils Maria und Maloja zielten wir in den Tessin, und kürzten die Wanderung, auf einem Pritschenwagen stehend, hinter flinken Maultieren ab. Damals kamen wir, berauscht von Sonne und Farben, hinunter bis an den Luganer See; – vielleicht ist in dem Freund da jener Funken angegangen, der nachher zur warmen Herdflamme einer neuen Heimat wurde. –

Welche Wonne dann immer wieder, wenn wir von einer Fahrt zurückkehrten und aus dem Wald Langen-Eichen heraustretend unseren blauen Bodensee mit dem weltvergessenen Dörflein unten liegen sahen! Noch waren wir vom alten Zauber gefangen und bestrickt und lebten wie Bauern unter Bauern. – Ich hatte mir ein halbverfallenes Häuschen erstanden, aus dem ersten Erlös des »Rosendoktors«, das ich wieder herrichtete und anstrich. Eine Hecke mit wilden Rosen pflanzte ich um das kleine Gut. Einen Rosenstock setzte ich auch einmal heimlich vor Hesses Haus und hatte die Dorfmusikanten von Schienen heruntergebeten, ihm in aller Herrgottsfrühe unter seinem Fenster ein zünftiges Ständchen zu bringen, denn es war sein 30. Geburtstag. –

Die Linde ist heute ein mächtiger Baum geworden, unter dem wie einst die Schulkinder springen und spielen, davon die Nachbarinnen sommers auf Leitern die goldgelben Lindenblüten zupfen. Die Aussicht auf den See ist zur Hälfte verbaut, durch ein neues Haus auf dem Hügel davor, und ein roher Telefonmast, der im Weltkrieg hineingesetzt wurde, zerschneidet das friedliche Plätzchen. Der arme schwachsinnige Othmar, der nur wenige Worte lallen konnte und uns immer freundlich grinsend anlachte, ist längst gestorben. Auch das Hessehaus über dem Döbele, das 1907 gebaut wurde, im gleichen Sommer mit dem meinigen nach dem Brand, – Geburtshaus von Heiner und Martin Hesse – wird von anderen Menschen bewohnt. Hermann Hesse lebt seit Jahrzehnten in der Schweiz, weitab – am Luganersee. Aber gestern, da ich wieder einmal im alten Bauernhaus stand, stiegen mir wieder all die schönen, reichen und glücklichen Tage aus der Seele herauf, die wir zusammen erlebten, und ich meine, es hätte niemals eine gnädigere Sonne über uns geschienen und niemals wäre irgend ein Wetter oder Unheil über der Erde gestanden.

Sommer 1946

Das Dichterdorf

Oft schon hatte man uns den Vorschlag gemacht, Gaienhofen zu einem Dichterdorf zu machen, ähnlich wie Worpswede zu einer Malersiedlung geworden war. So viele junge Menschen drängten zu uns, und es gab kaum einen Dichter von Ruf, der nicht einmal den Weg hierher gefunden hatte. Ludwig Thoma und Emil Strauß, Emanuel von Bodman, Rudolf Binding, Jakob Schaffner, Alfred Huggenberger. Der war von Gerlikon drüben bei Frauenfeld über den See gefahren, wenn er einen Ochsen auf den Markt in Steckborn zu treiben oder ein Kalb zu verkaufen hatte, und wir waren Leidensgenossen gewesen: auch ihm war einmal sein Haus mit Hab und Gut abgebrannt. – Schaffner kam auf der Wanderschaft von Basel hergelaufen, als er eben sein erstes Buch »Irrfahrten« geschrieben hatte, noch frisch vom Schusterstuhl weg. Aber wir hatten wenig Lust. Ein Dichterdorf mußte von sich aus wachsen, es konnte nicht künstlich gezogen sein. Es lag nicht in der Luft, das Dichten – die Luft hierzulande machte im Gegenteil müde und schlaff, sie war oft föhnig und viel zu weich für mich, der ich in der frischen Luft der Rauhen Alb geboren und aufgewachsen war. Ich hatte den Gedanken von vornherein abgelehnt. Es flogen so viele lyrische Gedichte und Skizzen, Novellen und Romane auf unseren Tisch, die gestümpert waren, – ich riet oft, die ersten sieben Bücher ins Feuer zu werfen, bis vielleicht das achte ausgereift wäre. Jeder müsse es selber spüren und wissen, ob seine Kraft echt, und ob er berufen sei; eine *Schule* des Dichtens gäbe es nicht, eine Akademie wäre von Übel.

Der Dichter hat zwar leichtes Gepäck: eine Feder und ein Blatt weißes Papier, sein Handwerkszeug wiegt nicht schwer. Der Maler braucht Farben und Pinsel, ein Brett und eine Staffelei, der Bildhauer Gips oder Stein, Marmor und Bronze; der Musiker ein Instrument, Geige, Flöte, Horn,

Blick auf Gaienhofen

Klavier, er muß sie alle kennen und spielen können, – und dann der Kontrapunkt! Der Dichter hat's nur im Kopf und Herzen: das kostet nichts als ein wenig Sprache. Darum meint jeder verliebte Junge, seinen Schmerz auf Papier aushauchen und in einem Buch niederlegen zu müssen. Daß auch das Wort zu edlem Erz und Kunstwerk geprägt werden muß, das leuchtet wenigen ein.

Hesse hatte mehrmals junge Leute bei sich aufgenommen, die ihm im Garten helfen und nebenbei literarische Feinheiten aufschnappen konnten. Martin Lang war als Student einmal in einem Frühjahr bei ihm eingefallen, und in einem Sommer schaffte ein sanfter, zarter Jüngling bei ihm, Johannes Leiden, mit einem zerlittenen Christuskopf. Gewiß ein Lyriker. Aber da fegte ein Sturm über ihn weg. – Die Sonne hatte geglüht, und schwere Erntewagen waren eingefahren. Da erscholl am frühen Nachmittag die Feuerglocke, und ein Rauch stieg im Dorf unten auf, die Lohe schlug heraus: des Bürgermeisters Marquart Haus stand lichterloh in Flammen. Ich sehe den Mann noch vor mir, der eben vom Feld hereingesprungen die Hände rang und zuschauen mußte, wie sein Hab und Gut in Flammen aufging – ich wußte, wie es tat. Wir pumpten alle an der alten Dorffeuerspritze und schleppten Wasser in Eimern herbei. Es war zu spät: das Haus brannte bis auf den Grund nieder.

Auch Hesse und Leiden hatten abwechselnd mitgepumpt, die meisten Männer waren noch

draußen bei der Feldarbeit. Ein paar Stunden später kam Hesse zu mir gesprungen: »Ugel, komm rüber! Der Leiden hat einen Bruch!« –
Es war ein Leistenbruch, der sich nicht mehr zurückbringen ließ: die Anstrengung beim Löschen hatte den Darm hinausgedrängt und er war eingeklemmt, Eile tat Not: Operation! Mit dem nächsten Schiff brachte ich ihn nach Konstanz ins Krankenhaus, wo er sofort unters Messer kam; ich konnte beruhigt nach Hause zurückkehren.

Zwei Tage darauf rief es bei mir an, Hans Leiden hatte in einem Wahnsinnsausbruch den Verband abgerissen und war tobsüchtig geworden. Man konnte ihn nicht dort behalten. Wohin mit ihm und wer kam für die Kosten auf? Guter Rat war teuer. Ich sprach mit der psychiatrischen Klinik in Freiburg, Professor Hoche; Hesse forschte in Leidens Papieren, da kam es heraus, der Name war falsch, er hieß Geza Rappa und war ein Jude aus Wien. Dorthin schrieb ich an seinen Vater.

Inzwischen war er von Wärtern nach Freiburg gebracht worden, eine heikle Fahrt. Und es entspann sich ein Briefwechsel mit dem Vater in Wien. Der Sohn hatte gegen dessen Willen gedichtet – das alte Lied –, war verstoßen worden und verschollen und es galt, einige Schwierigkeiten zu überwinden. –

Ein Vierteljahr mochte vergangen sein. Gezas Wunde war geheilt. Er hatte auf Wunsch des Arztes seine Lebensgeschichte niedergeschrieben. Er sollte noch einige Zeit in Behandlung bleiben, ein Rückfall war nicht ausgeschlossen. Da stand er plötzlich wieder vor meiner Gartentür und läutete: er war in Freiburg durchgebrannt.

Es half nichts, er mußte wieder nach Hause. Er tauchte dann im Kaufmannsberuf unter. Nach Jahren traf ihn Hesse noch einmal unterwegs in Wien, das Dichten schien ihm vergangen zu sein. Und aus dem Dichterdorf Gaienhofen wurde nichts. Hesse nahm keine Gärtnergehilfen mehr an. Gerade als des Bürgermeisters Haus neu und stattlich aufgebaut worden war, fuhr er nach Indien.

5. August 1945

Seeufer von Gaienhofen

35

Jetzt ist er da

Gewichtige Gründe hatten mich nach Besigheim gezogen, trotz aller Hindernisse, eine Novemberreise ins Graue. Ich wollte wieder einmal schwäbische Luft atmen vor Winter nach langer Entbehrung, nach all dem Nebel am See, schauen, was da geschafft wurde in dem Jahr, da ich nimmer zuhause gewesen war. Ich wollte ein erstes Bändchen neuer Verse zusammenbauen für Hesse, noch unerlaubt. Und ich wollte, und dies vor allem, da wir die 70 überschritten hatten, Lulu* und Söffer** wiedersehen in Möckmühl, und ihnen aus der Novelle vorlesen, der »Verzauberung«, um Kirchheim unter der Teck, um Lulu und Hesse, um die sie gebeten hatten; sie kannten sie noch nicht.

So reiste ich denn trotz aller Augenschleier allein ins Land, ein Kunststück für einen fast Blinden, und fand gastliche Aufnahme im Berghaus Mundi, gegenüber Tripstrill, das unsichtbar hinter den Hügeln vor dem Fenster lag.

Es war ein Wunder: die alte kleine Stadt fast unversehrt unten, und der Alpengarten hoch oben

* Lulu: Julie Hellmann

** Söffer: Sophie Hellmann, Nichten des Kronenwirts in Kirchheim unter Teck, lebten später im stillen Pfarrhaus zu Möckmühl an der Jagst.

mit den Vogeltränken, den Muschelkalkfelsen und dem schon herbstlich schlummernden Botanikum, das mit unheimlicher Liebe aus ödem Boden hervorgezaubert worden war. – Es war noch verworrene Zeit, mehr Trümmer und Ruinen unterwegs als Wiederaufbau; doch war unsere Arbeit gesegnet und schritt voran. Und ich fuhr nun mit Mundi nach Möckmühl, dem Neckar entlang, in die zerrissene Welt draußen. Mein Nachbar im Zug hielt eine Zeitung in der Hand: »Generalstreik angesagt!« – »Gewiß grad an dem Tag, da ich wieder zurückreisen will!« – Ein fremder Herr mischte sich ins Gespräch, über die Unrast der Gemüter, die nicht mehr herausfänden aus der Irre. Er frug nach dem Bodensee und nannte seinen Namen: »Rolf Simon aus Reutlingen, Textilmann«. – »Aus Reutlingen bin auch ich.« –

»Dann sind Sie am End . . .?«

»Ich kanns nicht leugnen.«

»Ich habe gestern noch Ihr »Rapunzel« gelesen«. – »Es gibt keinen Zufall«, sagte ich. »Alles ist Schicksal«. – Da fuhr der Zug schon in den Bahnhof ein. –

Sie empfingen uns, Lulu und Söffer – ein Wiedersehen nach 49 Jahren! Seltsam! Die lieben feinen Gesichter, altgeworden und durchlitten, in den noch unveränderten Zügen aufleuchtende Freude der Jugend. –

Kurz darauf saßen wir in dem traulichen Stübchen der Jungfern im Pfarrhaus, – Freunde hatten sich eingefunden aus Heilbronn, eine lange Tafel war gedeckt mit Tassen und Tellern, mit letzten Rosen und Astern, wir tranken Kaffee und aßen Gugelhopf, Leckerbissen noch, – wie einst in der »Krone« zu Kirchheim. Und waren weltvergessen glücklich.

Ich ließ die Blicke über die Tafel gehen. Auf einen leeren Platz deutend, sagte ich: »Doch einer

Blick auf Steckborn

fehlt!« – Und meinte den Fernen in Montagnola, um den es ging. »Ach!« seufzte Sophie und setzte unvermittelt hinzu: »Ein Gedeck zu viel – es ist nicht Zufall – Schicksal!« –

»Wie kommst Du darauf?« – seltsam. »Dasselbe habe ich vor einer Viertelstunde einem Unbekannten im Schnellzug gesagt.«

In diesem Augenblick klopfte es an der Tür. »Herein?!«

Der Briefträger. »Post. An Fräulein Julie Hellmann in Möckmühl/Jagst«, las er.

»Für mich? – von Fretz in . . .«

»Zürich« fiel ich ein, »Von Fretz und Wasmuth: es ist von Hesse!«

»Mach auf!« – Sie öffnete. Und enthüllte ein himmelblaues Buch: »Gesammelte Dichtungen – Frühe Prosa« – schlug auf: »Lulu!« –

Es war die Novelle, die er vor vielen Jahren um sie geschrieben hatte – »Hermann Lauscher, Hinterlassene Schriften« – dasselbe, was nun, aus meiner Sicht in der »Verzauberung« stand.

In die große Stille hinein hörte ich mich sagen: »Jetzt ist er da! – Er hat seinen Platz eingenommen.« – Und so begann ich aus der »Verzauberung« zu lesen, die ersten Seiten, von Lulu und Söffer, in der »Krone« zu Kirchheim, und sie lächelten vor Glück, noch einmal jung zu sein, 20 Jahre, mit ihm, mit Hermann Hesse.

November 1947 (?)

Der Lebensretter

Heute habe ich einen Fund gemacht. –

Was hat er uns alles schon geflickt und geschweißt, genietet und gelötet in diesen 50 Jahren, der *Hermann Kaiser,* Mechaniker in Hemmenhofen. Zwar hat er jetzt auch eine Brille auf der Nase und das Reißen in der Schulter, und in seiner Werkstatt liegt es kunterbunt durcheinander, in geheimer Ordnung, Rübenwalzen, Kanne, Kessel – er muß immer zwischenhinein einen scharfen Pries nehmen aus der alten Schnupftabaksdose. Aber er hat immer noch eine Nelke im Mund, wenn er spazieren geht und ist unermüdlich am Werk, findig wie je, ein wahrer Denker und Erfinder! Ich habe ihn gefragt, was er wohl werden wollte, wenn er wieder auf die Welt kommen könnte. »Das Gliiche«, lachte er, »Mechaniker« – »Hermann«, sagte ich, »Du bist der erste Mensch, den ich treffe, der im nächsten Leben das Gleiche werden will wie in diesem! Ja, Du hast noch Freude am Handwerk!« –

»Ich tus gern«, sagte er schlicht. –

Er hat sogar einmal das perpetuum mobile erfunden – beinahe. Jahrelang hat er daran gefeilt und geklopft: »Es geht denn gli«, hat er dazu gemurmelt. –

Wie oft bin ich den Weg zu ihm gegangen bei jedem Wetter, eine Gießkanne unterm Arm, einen Topf oder eine Schüssel, immer war etwas entzwei bei uns, er schob dann die Brille auf die Stirn zurück, guckte sich den Schaden an und sagte: »Morne morne! Fragen Sie übermorgen wieder an!« – Aber übermorgen wars noch nicht fertig, und ich mußte noch einmal laufen und noch einmal; aber heute morgen hat er wahrhaftig das Sieb schon fertig geflickt und an den Fleischwolf eine neue Schraube gemacht – und die drei Springerlesausstecher, die ich ihm bringe, ein Sternle, ein Gänsle und einen Hund, lötet er ums Handumdrehen wieder zusammen.

»Ja«, sagt er, »der *Hesse* – von dem steht jetzt all Tag was in der Zeitung. Dem haben ich und der Otto – das war sein Bruder, der Schmied von Gaienhofen – die Wasserleitung gelegt beim Hausbau wie Ihnen – und wie oft sind wir miteinander zusammengesessen beim Wii und haben uns etwas erzählt! Wissen Sie noch?« –

»Ja freilich, Hermann!«, sage ich, »und ich erinnere mich, wie wir miteinander über den See gelaufen sind, den gefrorenen Bodensee, als man vor Steckborn auf dem Eis tanzte mit Musik!« –

Er war damals noch jung und gewichst und nobel wie ein Baron im Sonntagsrock. – »Und Ihr habt mich doch den Lebensretter geheißen«, sagt er, »wegen der Urkund!« –

»Richtig, die Urkund«, fällt mir ein, »hast du sie noch?«

Zur Erinnerung

Am Abend des 11 August 1901 fuhr Erhart Webel aus Steckborn. ein Fabrikarbeiter samt Mutter. Frau. Schwester und zwei Kindern im Boot von Gaienhofen ab. Als sie mitten auf dem See waren. erhob sich ein grosser Sturm der eins von zwei Ruder zerbrach. das Boot mit Wasser fuellte und umschlug.
Jnzwischen waren zwei junge Gaienhofener Buerger in einem Boot in den Sturm hinaus gefahren. holten die schon Bewusstlosen. Mann. Frau und Schwester aus den Wogen beugten sie im Boot auf einander und retteten die Mutter und ein Kind an Bord des Dampfers Neptun. dessen Mannschaft Jhnen half. Ein Bueblein v 1½ Jahren ertrank.
Fuer diese Tat. Rettung von fuenf Menschenleben vom Tode des Ertrinkens. hat die grossherzogl. Regierung den beiden Tapfern

Friedrich Baumann Landwirt in Gaienhofen 25 Jahre alt. und **Hermann Kaiser** Schlosser in Steckborn 21 Jahre alt. eine oeffentliche Anerkennung aussprechen und die Wahl zwischen einer Rettungsmedaille und 40 Mark gelassen. und haben Jhnen nachher diese Urkunde aufgesetzt und gemalt

Dr. Ludwig Finckh   Hermann Hesse   Max Bucherer. Maler.

Urkunde an Friedrich Baumann

»Drinnen in der Stub hängt sie«, sagt er. Da gehe ich mit ihm hinein, und alte Zeiten wachen mit einmal auf, um 1905: »Hermann Hesse, Ludwig Finckh, Max Bucherer«, lese ich unter Glas und Rahmen geschrieben, fast feierlich, die Tinte ist ein wenig verblaßt; Max Bucherer, der Holzschneider, hat es damals in großen Buchstaben aufgemalt. Da steht es: »Zur Erinnerung«.

Am Abend des 11. August 1901 fuhr Erhart Weber aus Steckborn, ein Fabrikarbeiter samt Mutter, Frau, Schwester und zwei Kindern im Boot von Gaienhofen ab. Als sie mitten auf dem See waren, erhob sich ein großer Sturm, der eines von den zwei Rudern zerbrach, das Boot mit Wasser füllte, so daß es umschlug. Inzwischen waren zwei junge Gaienhofener Bürger im Boot in den Sturm hinausgefahren, holten die schon Bewußtlosen, Mann, Frau und Schwester aus den Wogen, beugten sie im Boot aufeinander und retteten die Mutter und das Kind an Bord des Dampfers »Neptun«, dessen Mannschaft ihnen dabei half. Ein Büblein von anderthalb Jahren ertrank.

Für diese Tat, Rettung von 5 Menschenleben vom Tode des Ertrinkens, hat die Großherzogliche Regierung den beiden Tapferen *Hermann Kaiser,* Schlosser in der Steckborner Werkzeugfabrik, 21 Jahre alt, und *Friedrich Baumann,* Landwirt in Gaienhofen, 25 Jahre alt, eine öffentliche Anerkennung aussprechen und die Wahl zwischen einer Rettungsmedaille und 40 Mark gelassen. Und haben ihnen nachher diese Urkunde aufgesetzt und gezeichnet« – hier stehen die Unterschriften eigenhändig mit Tinte geschrieben: »Ludwig Finckh, Hermann Hesse, Max Bucherer.« –

»Kurz darauf, am 10. September 1901, fiel abends zwischen 5 und 6 Uhr das sechsjährige Söhnchen des Werner Enke in Steckborn beim Angeln in den See. Hermann Kaiser holte es aus dem Wasser. Die dankbare Mutter gab ihm zum Lohn 15 Franken.« –

So stehts in der Urkunde, wir lesens wieder miteinander. Und da fällt mit einem Mal ein Sonnenstrahl in die Stube und läßt den Staub in der Luft aufglänzen wie lauter Gold, wir drei Unterzeichnete drücken dem Lebensretter die Hand und freuen uns: so war das damals auf dem Bodensee mit der Schweiz und uns.

Der Kaiser hat einem Schweizer Büblein das Leben gerettet. Der Kaiser und der Baumann haben 5 Schweizer im Sturm vom Tode des Ertrinkens gerettet. – Die Steckborner sind über den See herübergekommen, in der Nacht, als mein Haus abbrannte, um zu löschen. – Meine beiden jungen Bernhardinerhunde, Prinz und Isolda, holte ich mir im Thurgau drüben, sie waren Schweizer und ich liebte sie innig.

In Berlingen drüben webte und taglöhnerte der Holzfäller *Adolf Dietrich,* der so schöne Bilder malte, daß ich zur Feder griff und als Erster in den Zeitungen sein Lob sang – er wurde nachmals weltberühmt. Schweizer waren unsere Freunde in

Stein, Schaffhausen, Basel, wir gingen in ihren Häusern aus und ein und wurden gastlich aufgenommen. Im Kloster St. Georgen zu Stein am Rhein wohnte Prof. *Vetter,* der Historiker. *J. B. Widmann,* der Dichter, *Hans Sturzenegger,* der Maler, der Kürschner *Stemmler* von Schaffhausen, der Vogelkundige, hielten Fühlung mit uns. Jeden Tag ruderten wir über den See ins Schweizerland. Ich wanderte auf dem Thurgauer Seerücken, in seinen Schluchten und Tälern, zur Neuburg, zur Hochwart. Von dort war die Aussicht auf den Untersee und Schienerberg am schönsten. – Von einem Schweizer erwarb ich mein erstes Häuschen mit Grund und Boden, Jean Ulmer aus Steckborn; von einem Schweizer mein Grundstück am See, den Badplatz. Und wie oft haben wir uns drüben am Zoll die Plombe abnehmen lassen, von der grünen Zollschnur und unseren Zoll entrichtet, wie viele von den knützen Schmuggelgeschichten verdanke ich den Schweizern und Schweizerinnen!

Max Bucherer ist längst Professor in Zürich geworden und in Ronco und *Hesse* der Meister von Montagnola im Tessin. Hesse hat damals den Turnverein Gaienhofen mitgegründet, und Otto Blümel, der Maler in Schneider Köpflers Atelier, der uns das Waldhorn blies zu Ludwig Renners Laute und Gesang, malte ihm die Urkunde als Ehrenmitglied des Turnvereins. –

Ja, Hermann, was waren das für Zeiten, da wir im Bodensee badeten Tag für Tag und noch nicht wußten, daß jeder einmal die ganze Erdkugel auf seinem Rücken zu tragen hatte mitsamt ihren Menschen!

Das alte Hessehaus mit Othmar, einem Gaienhofener Original

Sonnenjahre

War es nicht doch die schönste Zeit unseres Lebens gewesen, die glücklichste? Hesse hatte mit dem »Camenzind« den großen Wurf getan und konnte sich im jungen Dichtertum sonnen, und ich hatte eben den »Rosendoktor« geschrieben, mir das kleine Häuschen auf dem Berg gekauft, das leer stand, die beiden korsischen Eselchen und die Bernhardinerhunde, wir lebten im Gaienhofener Paradies und kümmerten uns um keine Welt, in lauter Sonne und Freundschaft. Auch einen Raben hatte ich mir eingetan, eine Dohle, nach alter Kindheitserinnerung, Paul Keller hatte sie mir aus dem Nest geholt, vom hohen Pappelbaum herunter, Habakuk, und sie saß mir auf den Schultern und pickte mich und schwatzte mir ins Ohr. Es war alles wie im Märchen. Überm See drüben, in Mannenbach, wohnten den Sommer über Steinhausens aus Frankfurt am Main in einem großen, grauen Bauernhaus und der ehrwürdige Vater, *Wilhelm Steinhausen,* der Maler kam zu uns mit seinen Kindern, Henriette mit den kastanienbraunen Haaren und den feurigen Augen, die einem das Herz warmmachten, Rose, die Sanfte, und die Söhne. Wir zeigten ihnen unseren Besitz, Hesse seine Bücher und Bilder, ich meine Tiere, und es entspann sich eine dauernde herzhafte Liebe und nun hängt in meiner Stube eine zarte Radierung vom alten Meister, ein Rosenbusch. –

Damals hatte *Wilhelm Schäfer* den Verband der Kunstfreunde für die Länder am Rhein gegründet, und alle Künstler, Dichter, Musiker, Baumeister am ganzen Rhein in seinen Bann gezogen. Er war der geborene Organisator. Er verstand es Mäzene heranzuziehen, wie sie am Rhein im Überfluß lebten und sie für junge Künstler zu erschließen. Er hatte ein unbestechliches Urteil in Kunstdingen, und er entdeckte Maler und Dichter, Bildhauer und Architekten von der Schweiz bis an den Niederrhein. Er leistete für die deutsche Kunst als Anreger und Befruchter Unvergängliches – lange ehe er noch seine berühmten Anekdoten schrieb – auch durch seine vornehme Zeitschrift »Die Rheinlande« mehr als alle Kultusminister der Länder zusammen. –

Es waren glückhafte aufblühende Jahre. In Darmstadt hatte der junge Großherzog Ernst Ludwig die Künstlerkolonie ins Leben gerufen mit Olbrich, Behrens, Cissarz, in Karlsruhe schuf mein alter Freund *Hans Thoma* mit seiner Schule, in Stuttgart brachten Graf Leopold Kalkreuth, Carlos Grethe, Pötzelberger neues Leben in die Kunst und Architektur, die durch Theodor Fischer geführt wurde und in der Schweiz, uns zunächst hatten Segantini, Hodler, Cuno Amiet, Giacometti neue Tore geöffnet.

Die Schweiz war seit Böcklin ein wahres Malerland geworden. Sie alle vereinigte Wilhelm Schäfer und führte sie auf großen Frühjahrsfesten zusammen. So hatten wir glanzvolle Tage in Zürich und auf großen Rheinschiffen in Koblenz. Drei Tage lang lebte man unter Freunden, Wilhelm Steinhausen und Hans Thoma, Alfons Paquet und Schmidtbonn, Amiet und Olbrich, Männer, Frauen und Kinder und Freude und Musik. In Braubach am Rhein saßen wir bei Schäfer auf seiner Burg, und Hesse war überall der gefeierte Mittelpunkt. – In Winterthur drüben im Thurgau war zudem in nächster Nachbarschaft eine Kunststätte erstanden, das Museum der Familie Reinhart, das weithin einen hellen Klang hatte. Hier konnte man alle die alten und jungen Schweizer Maler beisammen finden, auch die wundersamen Franzosen.

Aber auch in unmittelbarer Nähe gab es Freunde. Einer saß da oben am Schienerberg in seinem Ziegelhof über Wangen, hoch über aller Welt, eine reine Seele, ein Denker und Gottsucher, der aus seiner norddeutschen Heimat einen Hauch kühlerer Luft an unseren südlich warmen Bodensee gebracht hatte – *Ernst Bacmeister.* Er las uns in einer Sternennacht vor in seiner Laube über dem Steinbruch, ein Lustspiel, eine Komödie, und er griff mit seinen Gedanken wahrhaftig in die hohen Sterne, noch unbeholfen im Ausdruck und schwer verständlich, aber so selig tiefen Gemüts, daß man innerlich mit ihm ringen mußte. Wir kamen ihm kaum näher, er war ein eigenwilliger, unerbittlicher Logiker, der nichts Fremdes an sich duldete und auf nichts Geringeres als auf eine Revolution des deutschen Dramas abzielte. Ich ahnte damals nicht, daß ich mit ihm einst noch durch besonders innige Bande verbunden werden sollte.

Was war dies für eine reiche, fruchtbare, aufgeschlossene Zeit rings um Deutschland! Inmitten einer freundlichen Welt lebten und dichteten wir, sorglos und unbekümmert, und gedachten, eine Spanne frohsamer Schönheit und friedlicher Durchdringung der Menschheit mit herbeiführen zu dürfen. Ganz in der Ferne nur, hinter den weissen Wolkensäumen, war ein leises Rollen zu vernehmen, wie von einem sommerlichen Gewitter.

10. Dezember 1946

Ansicht von Wangen

Ein Sommerabend

Es war in jenem ersten heißen Sommer am See, da man noch sorglos und unbeschwert im Gras liegen und in den Himmel schauen konnte. Nichts störte an diesem Ufer die Ruhe; die Wildenten schnatterten leise im Schilf und die Libellen schwebten mit seidenen Flügeln durch die flimmernde Luft.

Die beiden jungen Leute, Lauscher und Ugel*, hatten Besuch. Der alte Maler, der den Sommer am anderen Ufer in einem Bauernhaus verbrachte, war mit seiner Familie herübergerudert, und die Freunde zeigten ihnen alle ihre Schätze, den selbstgegrabenen Felsenkeller mit den feinen Bildern im Sand, den Raben Habakuk, der noch gefüttert werden mußte, die neugefaßte Quelle mit der Brunnenstube, die unversieglich kühles Wasser aus ihrer Röhre ergoß, die braungrauen korsischen Eselchen Lump und Gretel, die lammfromm in ihrem Gehege standen und so tapfer traben konnten, die beiden jungen Bernhardinerhunde Prinz und Isolda, Ugels Lieblinge, und das ganze alte frischbemalte Häuschen, in dem dieser wohnte. Es wurde gebührend bewundert, und der Meister Steinhausen lud die Freunde zum Gegen-

* Lauscher und Ugel: Hermann Hesse und Ludwig Finckh

besuch drüben ein, es sollte ein kleines Fest geben.

Wenige Tage später schon schickte es sich. So, wie sie immer auf dem See zu fahren pflegten, in kurzen Hosen und Sandalen, mit bloßen Beinen, weil man jeden Augenblick mit dem Boot ins Wasser treten mußte, ruderten sie am späten Nachmittag hinüber, gewiß, einem fröhlichen Abend entgegenzugehen.

Steinhausens empfingen die Freunde, die sie vom hohen Fenster aus schon hatten herannahen sehen, mit Freuden. Man sah die eben entstandenen Gemälde und Radierungen an – wunderbar der Schienerberg gegenüber in seiner mächtigen Wölbung, ein Rosenstrauch auf einsamem Feld – und begab sich dann in den nahen Wirtsgarten am See hinunter, um ein Mahl einzunehmen.

Sie waren alle beisammen, der ehrwürdige Alte mit seiner schönen Frau, die Töchter, von denen die älteste ihr rassiges Gesicht mit glänzenden Haaren umwallen ließ und die Söhne; man saß auf langen Holzbänken an Tischen unter den Lindenbäumen im Garten, der schon von Kurgästen gefüllt war, ferienfroh – es war üblich, daß man jeden Sommer ans Schwäbische Meer in die schweizer Kurorte eilte. Der Abend dämmerte auf und man zündete Lampions an, die an Drähten über den Tischen baumelten. Scherzworte flogen um und man ließ sich die knusprigen Felchen wohl schmecken. Schoppenflaschen roten Thurgauer Landweins wurden geleert. Auf dem See erhob sich ein leichter Wind, der Kühlung brachte.

Da warfen vom Gartenzaun her ein paar Buben Feuerwerksfrösche unter die Bänke und ließen einige Gäste halb erschrocken aufspringen. Es war ein kleiner Lausbubenspaß, der freilich an diesem Platz unangebracht war. An einem der Tische erhob sich ein Herr mit einer weißen Weste, der vielleicht die Rolle eines Kurdirektors spielte, da man gespannt auf ihn zu hören schien und rief in die Menge hinein: »Wir verbitten uns diesen Unfug! Das werden wohl dieselben Herren sein, die schon heute vormittag angerudert kamen und sich hier ungebührlich aufführten!« –

Eine peinliche Stille trat ein. Aller Augen hatten sich auf den Tisch gerichtet, an dem Lauscher und Ugel saßen. Mit einmal wurden vom Gartenzaun her kleine Steinchen hereingeworfen und einer traf Lauscher, der noch lachend vor seinem Glase saß. Empört stand er auf, rief: »Man wirft Steine nach mir!«, und ergriff seine halbleere Weinflasche, bereit, aus dem Garten fortzugehen. Auch Ugel hatte sich erhoben und ging, noch halb belustigt, dem Freunde nach. »Was ist es denn? – Komm doch, Hermann! – Wo willst du denn hin? – Das war doch nicht auf uns gemünzt!«

Aber Lauscher war erzürnt. »Doch, Ugel! – Siehst du denn nicht: Überall feindselige Mienen! Es ist ein Komplott!« – Er ließ sich auf keine Weise beruhigen; doch gelang es Ugel, ihn zu bewegen, wieder in den Garten hereinzukommen.

Aber die gute Laune war gewichen, der Abend, der so schön und verheißungsvoll begonnen hatte, verpfuscht. Steinhausens waren betreten, es wollte kein heiteres Gespräch mehr aufkommen, nach einer Viertelstunde verabschiedeten sich die Freunde und bestiegen ihr Boot. Unmutig ruderten sie nach Hause.

»Was war denn das?«, fragte Ugel. »Kannst du dirs erklären?« »Der böse Geist ist über sie gekommen,« knirschte Lauscher.« Es muß etwas vorgefallen sein, von dem wir nichts wissen.«

»Nein, nein! – Einerlei! – So sind die Menschen. Sie haben etwas an uns gewittert, das ihnen nicht paßt.«

Sie zogen mit zornigen Schlägen die Riemen. Der Mond war im Osten aufgegangen und silberte über den See. Friedvoll lag das Land vor ihnen. Als sie ans Ufer stiegen, war Ruhe eingetreten. Das Dorf lag in tiefem Schlaf und ihre Schritte verhallten durch die nächtlichen Gassen. –

Nach einer Woche erschien in einer Zeitung der Landeshauptstadt unter dem Strich ein Aufsatz: »Wie ich zwei schwäbische Dichter kennenlernte.« – Es war eine Schilderung jenes Abends. Da stand zu lesen, und Lauscher und Ugel erfuhren es staunend, daß sie am frühen Morgen in ihrem Boot, nur mit Badehosen bekleidet, mit nackten Beinen, die dunkel gebräunt waren und nicht allein von der Sonne, angerudert waren, sich in den Wirtsgarten begeben und das bedienende Fräulein in diesem Aufzug belästigt hatten. Und dann kam ihre Missetat am Abend. – Was war zu tun?

Offenbar lag der Darstellung ein Vorgang zugrunde, der sich am Vormittag mehr oder weniger ähnlich dort abgespielt hatte.

Ugel lachte. »Solche Schwerenöter sind wir! – Das hätte ich uns nicht zugetraut!« – Lauscher war tief verärgert.

Sollte man einen Juristen in Lauf setzen? – Einen Prozeß führen, klagen und beklagt werden, endlose Schreibereien führen? Wegen nichts und wieder nichts! Eine Suppe ausfressen, die man nicht eingebrockt hatte? –

Sie taten nichts. Sie ließen es auf sich sitzen. Gegen Schmähungen ist der Schuldlose wehrlos. Ein Unrecht muß sich selbst reinigen, oder es bleibt Unrecht. –

Lauscher und Ugel leben heute noch, nach einem halben Jahrhundert. Man nennt ihre Namen mit Achtung. Aber zeitlebens haben sie ein Grauen behalten vor weißen Westen und hochansehnlichen Kurgastdirektoren. Es blieb ein leises Lachen und Gedenken an den Tisch Steinhausens, an die schaukelnden Lampions und kastanienbraune Haare, an krachende Frösche und geworfene Steinchen und an die schweigende Heimfahrt im Mondschein.

15. Juli 1952

Der Bienenvater

Er war immer ein quicklebendiger, wuseliger Mann gewesen, der Schneidermeister *Josef Köpfler,* der sich 1907 von Hans Hindermann, dem Basler, nach unserem Vorgang das hübsche Haus an der Höristraße bauen ließ, unmittelbar unter Hesse, mit dem Blick auf den nahen See und mit einem Atelier im oberen Stock für *Max Bucherer,* den Maler und Holzschneider. Seine beiden Vatersgeschwister, der »Vetter« und »s'Bäsi«, Rudolf und Creszenz Köpfler, Ölmüllers, die biedersten Leute im Dorf, waren uns freund und gaben guten Rat in allen Lebenslagen. Ihr Vater hatte im Döbeli unten das große Wasserrad eigenhändig gebaut in der verschwiegenen Mühle, das wir gern allen Freunden zeigten, weil es verwunderlich war, wie solch ein Riesenrad unter dem niederen Dach Platz hatte – Es drehte sich einfach zur Hälfte im ausgegrabenen Erdboden. Ein stiller Weiher, gespeist von einem Bach, lieferte das Wasser auf die Mühle.

Mit dem »Schnider« war gut Kirschen essen. Er war eine lustige Haut, nicht auf den Kopf gefallen, unternehmungslustig und ein gutes Stück auf der Welt herumgekommen, und er hatte eine große Liebe: zu den Bienen. Er wäre wohl ein gewiegter Lehrmeister an einer Imkerschule geworden, wenn er nicht an seinen Schneidertisch angebunden gewesen wäre, in der »Hölle«, und die Beine hätte darauf kreuzen müssen. Er dampfte schier unermüdlich auf seiner Tabakspfeife.

Schon im ersten Jahr unseres Hierseins fuhr ich mit ihm zu Rad nach Friedingen im Hegau zum Alt-Bienenmeister Graf, seine Beuten anzusehen; denn ich wollte mir gleichfalls ein Bienenhaus aufstellen. Ich war gerade 30 Jahre auf der Welt und hatte Zeit, alles auszuprobieren, was sie bot. Es war meine erste Fahrt unter die Hegauberge und die Burg Hohenfriedingen leuchtete mir mächtig ein: hier wäre es gut, zu dichten und Bücher zu schreiben. – Aber es gab auch damals schon Lausbuben auf der Welt, die mir, während wir drinnen Bienenkunde trieben, die Radreifen mit Nadeln spickten und durchlöcherten. Aber wir kamen dann doch noch glücklich über den Galgenberg durch die sommerlichen Fluren nach Hause mit einem festen Plan, der in den nächsten Tagen ausgeführt wurde: gleich neben dem Schwarzwaldschopf, der Holz und Buscheln aufnehmen sollte, auch zwei Zimmer und mein Eselwägelein, unter einem jungen Nußbaum, 50 Schritt vom Haus entfernt, erwuchs ein Bienenstand mit sechs funkelnagelneuen Stöcken, die Fluglöcher nach Norden gerichtet und gegen den Wind geschützt durch einen sanft ansteigenden Hang.

Ich hatte mich wohl gerüstet mit Maeterlincks »Leben der Bienen«, und ich fand nun selber all die Wunder dieser Gottesgeschöpfe bestätigt, die in Weisheit und Zusammenarbeit uns armselige Menschen weit übertreffen. Meister Köpfler brachte mir die Anfangsgründe der Imkerei bei und sie gerieten mir gut; mit Inbrunst hing ich Wachswände in die Stöcke ein, freute mich an den honigglänzenden duftenden Waben, hörte die Königinnen singen und flöten mit ihren zarten Stimmchen tütü und leibte und lebte mit meinen Immen. Als der ersteSchwarm fiel, fühlte ich mich hochzeitlich bewegt; ich lernte im nächsten Jahr

Hermann Hesse mit seinem Sohn Bruno

die lebendige Traube abschütteln und abzapfen und allmählich alle Feinheiten des Hegens und Schleuderns kennen; ich hätte damals vielleicht einen leidlichen Zeidler abgegeben, wenn mir nicht so viele andere Aufgaben erwachsen wären mit den Menschen. Ich achtete der Stiche nicht, ich war bienenfest geworden und schrieb über das Bienengift, über die Heilwirkung des »Fliegenden Arztes«, bei Rheuma, davon noch niemand wußte, ohne zu ahnen, daß ich 45 Jahre später es am eigenen Leib zu erproben hatte. Bis mich einmal eine durch Gewitterschwüle erzürnte Biene mitten auf den Nasengipfel stach, offenbar in einen Nerv, mit dem Erfolg, daß mir binnen zwei Minuten das ganze Gesicht anschwoll, daß ich nicht mehr aus den Augen sehen und kaum noch sprechen konnte, drei Tage lang! Ich kannte damals noch nicht das Gegengift: Zwiebel innerlich und äußerlich; und auch nicht die Wirkung der Antihistamine Avil. –

Honig, goldener Trank und Arznei, gemischt aus den zartesten Blumenstäubchen und Bienenherzen! Es webt viel sommerliche Liebe und Süßigkeit darin. Nektar, geheimer Zaubersaft! Eine Ernte von 150 Pfund Honig eigener Creszens, wer kann sich das vorstellen! Es lag ein Segen auf unserer Imkerei. Wir waren weit genug vom See entfernt, um nicht aufs Wasser verschlagen zu werden, und die Rapsfelder, Esperwiesen, Lindenbäume blühten betäubend ringsum. Ich pflanzte überall Bienenweide, kein magerer Hügel war sicher vor meiner samenstreuenden Hand und mancher bisher ungenützte Rain summte mit einem Mal von flügelnden Sonnenvögelchen. –

Der Schneider Köpfler als Nachbar des neuen Hessehauses lieferte dorthin Röcke und Hosen, Honig und Wachs. Das Atelier bezogen, als Bucherer in die Schweiz gewandert war, – er hatte sich ein junges Schloßkind geholt aus dem Landerziehungsheim, das ihn mit seinen blonden Zöpfen gefangen hatte, Els Feustel, – die Maler *Otto Blümel* und *Ludwig Renner* aus München, die noch andere Freunde herbeiriefen, Kerschensteiner, Dorfmiller, Martin Nikolaus, – und da sie voller Gesang und Volkslieder steckten, so hub ein gewaltiges Musizieren zwischen unseren Häusern und im Tale an, von Laute und Waldhorn. Blümel warf zur Kurzweil mit Farbstiften und Feder Figuren aus dem Dorfe auf Strohpapier hin für unsere Kinder, sie durften sich nur wünschen, so stand ein ganzes Bilderbuch vor uns mit Badhütt, Gondel und Seehannes – und Renner konterfeite uns nach Noten in Haus und Garten.

Einmal hatte der Schnider – ich hatte ihn zum »Hosendoktor« ernannt – für Hesse eine Reihe lichter Anzüge zu schneidern aus weißem Linnen: er rüstete für seine Indienfahrt. Es wurde Ernst, er lernte englisch, wir nahmen Abschied voneinander auf Leben und Tod – wann und wo würden wir uns wiedersehen?

Er kehrte von Indien zurück, nach wenigen Monden, gebräunt, hager, selber fast schon wie ein

Inder anzuschauen, aber voll neuer Gedanken und Gesichte: »Siddharta«, er war für Indien von den Eltern her prädestiniert; und er brachte uns einen ganzen Koffer voll wunderbarer Geschenke mit, eine indische Flöte, einen Vogelkäfig, aus dünnen Stäbchen geflochten, kleine schwarze Ebenholzelefanten mit weißen Stoßzähnen und einen farbigen weißporzellanenen Buddha – Heiligtümer – wie hatte er daran zu schleppen gehabt in der Sonnenhitze! Dazu unerschöpfliche Erzählungen.

Da saßen wir nun und lauschten im Mondschein auf seiner Laube und Blümel und Renner spitzten die Ohren. Und eines Abends fuhr da, auf durchsichtigem Ölpapier von hinten beleuchtet, eine lustige Gesellschaft vor uns auf, schwarze Gestalten, Silhouetten: Hesse auf der Reise nach Indien! Da kam er in seinem Ruderboot angefahren, mit dem Schmetterlingsnetz in der Hand übers Meer und stieg an Land, begrüßt von Hindianern, die einen Freudentanz aufführten, er ritt auf Elefanten und focht mit Krokodilen, und überall ging sein Schmetterlingsnetz mit. Blümel hatte die Fahrt in zierliche Verse gegossen. –

Die neue Welt ließ Hesse nicht mehr ruhen. Er hatte sein Haus am Wetter gebaut, am Föhn, mit der weiten Aussicht zwar auf den See und die Schweiz und so viel Liebe er auf Garten und Blumen verwendet hatte, jede Krume und jedes Beet mit seinem Schweiß gedüngt – es litt ihn nicht mehr in der Enge des Dorfes, er brach die Zelte ab, verteilte seine Schätze – auch das Schneiderhaus sank in die Tiefe mitsamt dem Meister Köpfler – er folgte dem Ruf Albert Weltis, des Malers und seiner Freunde nach Bern. –

Ein unvergeßliches Denkzeichen hatte uns Blümel noch beschert: eine Weihnachtskrippe in daumengroßen Figuren, geschnitzt und bemalt – er war Direktor der Holzschnitzschule in Partenkirchen geworden –: Maria als Bäurin vom Schienerberg, Josef ein Bauersmann im blauen Kittel, wars nicht mein Nachbar Sieber, der Geschirrmann, es weideten Ochs, Esel und Schafe, es bliesen die Hirten auf Flöte und Horn, die Maler selber und es zogen die drei Könige in goldenen Gewändern den Berg herauf unter dem Stern, das Kind zu verehren – summten nicht die Bienen um Weiden und Seidelbast? – Der Duft des Volksliedes war eingefangen! In drei Stücken war dies Krippenspiel geschnitzt – für Hesse, für Blümel und für uns. Jede Weihnacht steht es heute noch unter unserem Baum und leuchtet auf aus früher, unnennbar holder Hessezeit.

Auf großer Fahrt

Die Abgeschlossenheit von der Welt, das Leben in der Natur und die Einsamkeit um uns hatten Vorzüge. Man war ganz auf sich gestellt und brauchte sich um die Unebenheiten der Menschen nicht zu kümmern. Manchmal zogen aber doch auch hier Wetterwolken am Himmel auf; die Enge der Seelen bedrückte, es gab Ärger und Unerquicklichkeiten, und im Unmut hielt ich es einmal nicht mehr aus – ich lief davon, um mich auszulüften. Ich hatte Lust, fortzugehen von diesem undankbaren Volk ringsumher, das mich auf Schritt und Tritt über die Ohren haute; am liebsten wäre ich wieder einmal übers Meer gefahren, nach Biskra, in die Oase, wohin nachmals der gute Karl Stirner, der Maler, auf meinen Spuren Winter für Winter flüchtete.

Wie ich so mit mir dahin stürmte durch den Wald und über die Felder, unzufrieden mit aller Welt, erblickte ich zu meiner Verwunderung auf einem Wegzeiger an einem Feldsträßlein die Worte: »Nach Amerika!« – Flugs schlug ich den Pfad ein, grad recht, nach Amerika! – Und gelangte nach wenigen Minuten in die »Stabhalterei Bettnang«, einem kleinen freundlichen Weiler, wo die Hähne krähten; hinter Bettnang stieg der grüne Schienerberg auf, den ich so liebte, ich kam durch würzigen Wald auf die Höhe und zu einer freien Lichtung, wo ich mich in die Sonne auf den Boden warf. Da lachte ich in mich hinein: entronnen! Hörte die Bienen summen und die Käfer um mich krabbeln, und ein Eichelhäher schwirrte scheltend auf.

Als ich am Abend nach Hause kam, trug ich einen großen Strauß von goldgelbem Springwurz und rosa Tausendgüldenkraut in der Hand – aus Amerika! –

Hesse, der Lauscher, hatte an einem schlechten Tag nicht das Glück, solch einen Wegzeiger zu finden. Es kam ihm zum Halse herauf, er wollte noch viel weiter fort, um nie mehr heimzukehren und so lief er, wie sein Freund Knulp später, auf der Landstraße in die weite Welt hinein. Er stieß da auf einen Kunden, der als unverbesserlicher Zechbruder bekannt war, eine lustige Haut aus dem Nachbarort, der bald heraus hatte, wo ihn der Schuh drückte, und so zogen sie selbander dahin, fanden Trost an allerhand Spöttereien und Späßen über die Nichtigkeit des Lebens und die Verlogenheit der Zeit, kehrten im »Adler« in Iznang ein, und leerten einen Schoppen aufs Wohl der Daheimgebliebenen. Sie gerieten in ein Aufschneiden und Anstoßen, der Bruder schüttelte die Geschichten aus dem Ärmel, und Lauscher blieb ihm nichts schuldig, einer überbot den anderen – die Wolken der Welt waren zerronnen und vergessen, vor der inneren Heiterkeit der Gemüter.

Spät in der Nacht schrieb Lauscher noch eine Ansichtspostkarte vom »Adler« an seine Frau nach Hause: »Auf meiner Reise durch die europäischen Kulturländer bin ich hier gelandet und schicke Dir diesen Gruß. Leb wohl!« –

Iznang ist das übernächste Dorf am Untersee Radolfzellwärts. –

Als Lauscher anderen Tags schon lange wieder unter seinem Dach am Schreibpult stand und sinnend der verzweifelten Stunden von gestern gedachte, läutete der Briefträger und überreichte seiner Frau die Ansichtspostkarte von der europäischen Reise.

Zellersee mit Radolfzell

Der Rosenkohl

In jener gesegneten Zeit, als wir noch Kinder waren, kam Tag für Tag nach der Suppe »Ochsenfleisch mit Zukehr« auf den Tisch. Zubehör, das waren Preiselbeeren, rote Rüben, Gurken; danach der Hauptgang: Braten, Blumenkohl, Kartoffelschnitz, Sauerkraut, oder »Arme Ritter« – Weißbrotschnitten in Schmalz gebacken –, Pfannkuchen, Dampfnudeln, Pfitzauf, Maultaschen, Zankeisen. Die Gemüse alle in einer Mehlsauce. Ja, wir hattens gut!

Trotzdem, oder vielleicht gerade darum, waren wir oft krank: man hat es nachher anders gelernt. Wenig Fleisch, viel Gemüse, gedämpft oder roh, Schalkartoffeln, Tomaten, Obst, Fisch, vor allem Meerfische, wegen des Jods und manchmal das, was meine Frau selber zog, Spargeln, und was sie besonders zart und wunderbar zubereitete: Rosenkohl. Es wurde mein Leibessen. So sehr, daß mir Hesse den Namen »Rosenkohldoktor« gab.

Aber er hatte da vor der eigenen Tür zu kehren. Er liebte Reis mit Curry, auf indische Art, wie er es zu Haus in Calw von seinen Eltern bekommen hatte und seine Frau Mia hatte es schwer, es ihm recht zu machen. Nun, sie war Fotografin gewesen, und Reis auf indische Art konnte man wohl nur zubereiten, wenn man von Eltern abstammte, die einst selbst in Indien gelebt hatten. Hesse mit seinen schlanken, schmalen Fingern und Händen hätte gewiß den Reis ebenso gewandt mit Stäbchen essen können wie ein Inder oder Chinese.

Da zogen einmal die Sonnenbrüder durch unser Dorf, aus Askona, und Hesse, Feuer und Flamme für alles Neue, zog mit. Er blieb lange Zeit fort und kam dann wieder heim, spindeldürr, dunkelbraun und überaus reizbar; es mochte wohl an einem Sonnenstich heruntergegangen sein im sonnigen Tessin, man mußte ihn sanft behandeln, er brauste leicht auf und – o Schreck! – er war reiner Vegetarier geworden! Er hatte nie viel zu sich genommen, er hatte einen Spatzenmagen – aber nun verabscheute er Fleisch und aß nur noch Pflanzliches. Er kasteite sich. Er übertrieb es – wie er alles, was er angriff, leidenschaftlich mit allen Konsequenzen durchführte. Es wurde unheimlich. Er nahm immer mehr ab; ich gab keinen Pfifferling mehr um sein Leben. Wir verzweifelten fast. Er war daran, seinen Humor zu verlieren, der noch nie golden, eher ein wenig salzig gewesen war. Glücklicherweise kam der Wein nicht vom Tier, und er verschmähte ihn nicht.

Da war einmal der Maler *Rudolf Sieck* aus München bei ihm zu Gast, ein feinsinniger Landschafter mit bewährter Seelenruhe. Der saß auch mit am Hessetisch und schmauchte aus seiner Tabakspfeife. Das war sympathisch und wirkte besänftigend.

»Sie, Herr Hesse«, sagte er zu ihm, als er sah, wie der nur etwas Spinat zu sich nahm, »wie heißt man doch solche Leute? Ja, wissens, was Sie san?«

Verdutzt sah Hesse auf. Sieck blies ihm eine Tabakswolke ins Gesicht.

»An Kohlrabi-Apostel sans, an Kohlrabi-Apostel!«

Hesse stand auf, Empörung auf seinem Gesicht, ging zur Tür und hinauf in sein Zimmer. –

Und Mia kochte Reis mit Curry und Spinat und schmuggelte hin und wieder etwas Tierisches in die Schüssel, etwas, das eigentlich gar kein Fleisch war, ein Göckele oder Täuble, Salat, Radieschen, Ochsenaugen. Aber so zart wie meine Frau konnte halt niemand den Rosenkohl zubereiten.

Blick von Gaienhofen über den See nach Berlingen und Konstanz

Die Augen

Weiß jemand als Kind, was er für Edelsteine in seinem Antlitz trägt? Kristalle, die ihm die Welt verklären und denen er all sein Lebensglück, seine Arbeit und Ernte verdankt.

Immer hatten wir es mit den Augen zu tun gehabt, Hesse und ich, schon von den Vätern her. Wir waren beide kurzsichtig und trugen Gläser, schon in jungen Jahren, in Tübingen, denn wir waren Schwaben. Aber wir kümmerten uns nicht darum, wir sahen doch und tranken die Schönheit der Welt in uns, nicht nur in Büchern, im wahrhaftigen, lebendigen Leben, den roten Mohn, den Weizen, die Rosen, die Berge, wenn wir hinunterschauten in die Gärten der Menschen – und die Frauen. Stiegen wir nicht auf die Teck miteinander damals, als Du so zarte, kostbare Verse dichtetest auf Lulu, die heimliche Liebste, und sahen das schwäbische Land vor uns liegen wie ein einziges goldenes Kornfeld! Ich merke jetzt: unsere Augen waren gesegnet, obwohl sie so viele Schmerzen zu tragen hatten, beide an einer Liebe – und wußten nicht, daß unser noch viel größere warteten.

Ich war Famulus bei *Axenfeld* in Freiburg geworden, dem großen Ophtalmologen, denn ich wollte Augenarzt werden. Er war allen anderen weit voraus vor seiner Zeit, und es strömte in sein Kolleg und in seine Werkstatt. Er hatte immer Ausländer um sich aus aller Welt, die bei ihm lernen wollten. Sein Lehrbuch der Augenheilkunde war umwälzend geworden. Ein zarter, feiner, durchgeistigter Kopf mit einem bräunlichen Kinnbart und goldbraunen Augen, gütig und für jeden aufgeschlossen; ich verkehrte in seinem Haus und er gab mir viel, auch menschlich. Sein Großvater sollte noch Sephardim gewesen sein, von spanischen Juden stammend, sein Vater protestantischer Geistlicher, Missionar in Syrien, und er hatte von Beiden etwas an sich, Milde und Vornehmheit. Sein Oberarzt Dr. Stock dagegen war der unbekümmerte, kraftstrotzende Draufgänger, Schwabe aus Urach, der nicht fackelte. Ich erbat mir von Axenfeld das Thema für meine Doktorarbeit: »Über die Palliativoperation bei Stauungspapille« und arbeitete bei ihm.

Hesse war jetzt Buchhändler in Basel geworden, Antiquar bei Helbing und Lichtenhahn, wir besuchten uns in unseren Städtchen an Feiertagen. Er wohnte in einer Pension in der Nähe des Spalentors, und er brachte mich zu seinen Freunden, zu Wackernagels nach Riehen, wo sonntags immer eine kleine festliche Gesellschaft im Garten zu treffen war, Laroches und andere. Es waren reine, glückselige Stunden und er, der uns stets, obwohl der Jüngste, ein halbes Menschenalter vorauszuschreiten schien, weise wie ein alter Mann und zugleich kindlich, jungenhaft, sprühte dann vor

Ludwig Finckh

Lust und Geist. Ich fühlte mich als sein älterer Bruder, für ihn verantwortlich, der ihn umsorgen und behüten mußte, denn er ließ sich vom Augenblick hinreißen, rauchte starke lange Virginias mit dem Strohhalm, und goß auch ein Glas Wein rasch hinunter, feurig und unbeschwert.

O Basel, grüner, rauschender Rheinstrom unter der Wettsteinbrücke, ehrwürdiges Münster und Spalentor und farbiges Rathaus, und Du, stilles Heiligtum, Museum mit der Holbein- und Böcklinstube! Ich habe nachmals meine beiden Töchterchen Brigitte und Hannele, so bald sie etwas Verstand hatten, in die geliebte Stadt geführt und ihnen die alten Wege gezeigt, die ich damals gegangen war – in den Zoologischen Garten auch und habe sie reiten lassen auf Kamel und Pony. –

Einmal sagte mir Hermann ein großes Geheimnis. Er brachte mir ein Fräulein nach Freiburg: »Sieh, Ugel, das ist meine Liebste – seid euch gut, habt euch lieb!« Es war ein lebhaftes, heiteres Mädchen mit klaren Augen, tatkräftig, Maria Bernoulli und ich freute mich unbändig. – Aber er klagte über Augenschmerzen und so bewog ich ihn – er fürchtete, ein ernsthaftes Augenleiden zu bekommen, wie sein Vater – Sehnervenentzündung oder Netzhautablösung – wiederzukommen und brachte ihn zu Axenfeld. Der untersuchte ihn gründlich und beruhigte ihn. Nur ein Tränenkanalreiz durch Überanstrengung. Freilich, das Rauchen sollte er unterlassen und das war fast zu schwer, wenn man nächtelang über Büchern saß.

Die Augen blieben seine Schmerzenskinder, auch in Gaienhofen nachher, als Maria seine Frau geworden war. Wir lebten innig und vertraut mit einander wie Geschwister und es kommt mir heute vor, als wären wir wirklich im Paradies gewesen damals. Das geben wir nimmer her.

Einmal waren wir, Hesse und Bucherer, mit Gästen drüben überm See und zeigten ihnen den großen Felsenkeller im Berg von Berlingen, überm »Schweizerland«, in den ein vierspänniger Wagen voller Fässer einfahren konnte, 30 Meter wie in eine Halle aus grauem Sandstein. Das Licht vom Eingang her verschwamm in der Tiefe, es wurde dunkel und Nacht. Aber Hesse und die anderen schienen noch so klar zu sehen, als ob alles beleuchtet wäre. Da erkannte ich, daß ich nachtblind war, im Dunkeln nichts mehr sah, wofür sie mich auslachten, es sei doch heller Tag.

Ich hatte stets oft an Migräne gelitten wie meine Mutter und Schwester, linksseitige Kopfschmerzen über der Schläfe, wobei mir schwarze Punkte vor den Augen tanzten, flimmerten, und schließlich ein Augenblick kam, da Nacht eintrat: Flimmerskotom. Ich hatte es mit Aspirin und Coffein bekämpft. Aber es war doch immer mit Schmerzen verbunden und hier am See war die Luft nicht günstig, der Föhn quälte mich. So konnte ich es Hesse nachfühlen, wenn er immer wieder über seine Augenschmerzen klagte, auch als er längst in der hellen Sonne im Tessin saß. – Einmal fuhr ich in der Nähe von Eisenach im Schnellzug und mir gegenüber saß ein Knabe mit einem Begleiter, der behutsam auf ihn einsprach; der Junge war offenbar fast blind. Nun, mein Vater und meine Mutter waren am grauen Star operiert noch lange in der Dunkelkammer gesessen. Ich litt mit allen, die nicht sehen konnten, und es stellte sich heraus: der Junge sollte zum Grafen Wiese gebracht werden, einem berühmten Augenarzt in Gießen, der vielen geholfen hatte ohne Operation. Ich zog eine Postkarte aus der Tasche und schrieb an Hesse: »Geh zum Grafen Wiese, dem Wundermann, der wird dich heilen.« Er tat es und wurde regelmäßiger Gast bei ihm; ich glaube, daß er ihn vor Erblindung bewahrt hat. –

Ich selber konnte keine Rücksicht auf meine Augen nehmen; ich hatte eine große Familie über Wasser zu halten in dunkelster Zeit. Ich fuhr in der Welt herum und hatte nur Muße im Schnellzug, Bücher zu lesen.

Da stand ich eines Tags, 1939, in der grellen Sonne auf der Halbinsel Mettnau im Bodensee, es war heißer Sommer, ich mußte warten und plötzlich tanzten mir wieder Kügelchen vor den Augen herum, aber nicht mehr schwarz wie früher, – glasklar und durchsichtig wie Zellen im Mikroskop, Amöben, Blutkörperchen, längliche und runde Gebilde, »mouches volantes«, – Mückchen – Glaskörpertrübung? Sie vergingen nicht, wurden stärker. Ich fuhr nach Tübingen zu Stock, jetzt Professor dort – er war im Urlaub – Axenfeld war tot – auch Scheerer in Stuttgart, der andere Axenfeldschüler, war fort; sein Oberarzt zuckte die Achseln, fand nichts. Ich ließ es bewenden, gewöhnte mich daran, vergaß es bald, doch wurde das Augenlicht trüber und ich ging wieder zu Stock. »Ja«, sagte er, »es kommt.« – »Was?« – »Der Star. Noch nicht reif. Genießen Sie Ihr Leben, denken Sie nicht dran, und kommen Sie in einem Vierteljahr wieder.« –

Ich kam wieder, es wurde schlechter – als er im Urlaub war, traf ich Scheerer, der untersuchte, Gesichtsfeld, Augendruck. Er verschrieb Pilokarpin und schickte mich zu Engelking nach Heidelberg, dem dritten Axenfeldschüler – ob man noch Zeit hätte . . .? Da wußte ich Bescheid.

Engelking entschied: »Sofort operieren!« – Es war zu spät. Das Gesichtsfeld war schon stark eingeschränkt, der Augendruck zu hoch: Glaukom und Katarakt zugleich, grüner und grauer Star. Es wurden fünf Operationen nacheinander, ich war in der Augenklinik zuhause – aber ich saß nun wieder, als ich von der Wunde genaß, dem Meister zu Füßen wie vor 40 Jahren und dachte an Hesse und Axenfeld und ich sah, wie weit inzwischen die Augenheilkunst fortgeschritten war: es war reine Lust, die abgerundeten Vorträge in mich aufzunehmen. Glücklich die Studenten von heute, die solche Weisheit und Schönheit aus berufenem Munde empfangen durften! –

Ich sehe die Dinge wieder in kleinen Ausschnitten, verschleiert, ich sehe noch den roten Mohn und die Rosen und die Berge, auch den See und die Schweiz da drüben, ich tappe in der Dämmerung herum wie damals im Felsenkeller vor Berlingen, aber ich freue mich, daß Hesse in der Sonne von Montagnola weitschauend steht und dichtet und malt und gießt – auf der Höhe des Lebens, in der Ernte. –

6. September 1946

Lulu

Seltsam: Geister klopfen bei mir an. –

Lulu hat mir wieder geschrieben, die junge, schöne Lulu aus Heilbronn, jetzt ein altes Fräulein zu Möckmühl an der Jagst – einst eine Dichterliebe. Und Erwin Moser, Stadtamtmann zu Widdern, schickte mir gestern ein Bild, das er von Lulu bekommen hatte: wir Fünfe vom Cenacle von Kirchheim unter der Teck, aus dem wunderschönen Sommer 1899 – Studenten mit hohen Krägen und Krawatten 23 Jahre alt. Die Namen hatte Lulu auf der Rückseite aufgezeichnet: »Erich Faber, Ludwig Finckh, Hermann Hesse, Karl Hamelehle, Oskar Rupp.«

Da holte ich den »Hermann Lauscher« vom Bücherschaft herunter von Hermann Hesse, und mein erstes Gedichtbuch »Fraue Du« und sehe im »Lauscher« die zarten Zeichnungen von Günther Böhmer, in der kuriosen Geistergeschichte »Lulu«, darin wir alle spuken – das Cenacle von Kirchheim. Und ich lese wieder Hesses Verse von »Lulu« aus der Zeit, da wir noch nichts waren und nichts von der Welt draußen wußten, nur von der Liebe, und Verse miteinander tauschten und nimmer wußten, ob sie von dem einen oder anderen stammten, so innig verschmolzen, jeder ein Stück vom anderen. Und ich sah mich wieder, da ich in der Steingaustraße wohnte beim Reallehrer Hofmann und sein kleines Töchterchen auf meinen Knieen reiten ließ, sah mich mit Hesse in der »Krone« beim Weine sitzen, die schöne Lulu, der Wirtin Müller schöne Nichte bewundernd – um die Hesse so selige Schmerzen litt – da ich selber die Nächte wach lag und Verse stammelte, daß ich sie nicht aufzuschreiben vermochte. Glückselige, schmerzvolle, zaubersame Zeit der Jugend.

Unten auf der Straße blühten die Kastanienbäume vor dem Schloßgraben und in der Stammtischecke der »Krone« saß der Forstmann Alfred Finckh im grünen Rock, ein mir noch unbekannter Vetter, von dem die Sage ging, er habe in Tübingen Theologie studiert und sei bei einem Ausritt vom Pferd gestürzt, mit einem Schädelbruch, davon er, als er wieder zusammengeflickt war, alle Gottesgelehrtheit vergessen hatte, so daß er umsatteln mußte und es ihm »nur noch zum Forstknaupen« gelangt hatte. –

Was mochte aus den alten Freunden von damals geworden sein? Ein Menschenalter ist vergangen. Ich weiß es nicht. Oskar Rupp wurde Landrat in Württemberg, Faber und Hamelehle Rechtsanwälte, ob sie noch leben, Frauen und Kinder hatten wie wir, ich weiß es nicht. Hesse und ich wurden, die wir sind, noch lebend und liebend. Wir schenkten uns unsere ersten Bücher, Hesse mir den »Camenzind«, ich ihm den »Rosendoktor«. Wir dichteten Verse, wir warfen sie uns zu wie leuch-

Hermann Hesse und Ludwig Finckh

tende Sterne, wir zogen nach Gaienhofen – er reiste nach Indien, ich nach Nordafrika, und dann trennten wir uns, er fuhr in die Schweiz, ich blieb und schrieb.

Manchmal aber träumen wir noch voneinander und sagen uns alte Zauberworte, werfen sie uns zu wie Sterne, Bodensee und Schwarzwald, Calw und Reutlingen, und Kirchheim und Lulu. Und dann haben wir wieder unsere Geigen unterm Kinn und spielen die alten leisen Lieder miteinander, da wir Brüder waren und vergessen die Welt draußen, und es geistert um uns, von Kastanienbäumen und Dornen und roten Rosen: Hermann – Ugel!

Dies hatte ich heute morgen in aller Frühe aufgeschrieben und ging nachher nach Hemmenhofen, um es Dr. Förster zu bringen. Im Heimkehren kam ich an der Post vorbei und empfing dort einen Brief – aus Montagnola. – Hesse schickte mir einen »Dank« und »Brief« an Adele und ein Gedicht »Wache Nacht«

Seltsam: Geister klopfen bei mir an.

27. September 1946

Ludwig Finckh

Die Ölmühle

Als ich vor 44 Jahren, Ende März 1905 nach Gaienhofen kam, lebte, außer Hesse und Bucherer, kein Fremder hier. Es war ein kleines unbekanntes Dorf am See mit 300 Einwohnern und einer Kapelle – die Kirche lag eine halbe Stunde entfernt in Horn – abseits von der Welt, abgeschnürt, vergessen von seinem eigenen Land, ohne Verkehr – es fuhr mittwochs ein Schweizer Dampfschiff zum Markt nach Radolfzell und zweimal in der Woche eins nach Konstanz, um Vieh, Obst und Gemüse dorthin zu bringen; jeden Tag einmal fuhr auch eine gelbe Postkutsche mit abgerackerten Mähren auf der Höristraße nach Radolfzell – aber niemand fuhr mit, es ging zu langsam.

Ich wohnte im »Deutschen Kaiser«, einem mäßigen Gasthaus an der Hauptstraße, um 20 Pfennig im Tag, denn es übernachteten hier nur Handwerksburschen. Der Wirt war ein Schwabe, Leopold Schnell, Müller und Bäcker aus dem Oberland, der Ravensburger Gegend, der nachher auch die Post übernahm. Bürgermeister war Johann Köpfler, ein Bauer, dessen Vorfahren aus Waldshut gekommen waren und sich auf dem Schienerberg eingebürgert hatten. Der Ratschreiber, Josef Merk, Chronist der Höri, lebt noch heute.

Ein Bach floß aus dem quellenreichen Schienerberggebiet von Norden durchs Döbele, das liebliche Tal, an dessen südlichem Ende eine Ölmühle mit einem ungeheuren Schaufelrad stand, am Weiher, inmitten von Sumpfwiesen mit blühenden Frühlingsblumen, Primeln, Anemonen, Schmalzkacheln, Veilchen – einem einzigen Blumenstrauß. Eine zweite Mühle im Unterdorf über den Streuwiesen, von Philipp Gasser, war nicht mehr in Betrieb.

Um dieser Dobelmühle und ihrer Blumen willen blieb ich oben am Hügel »auf der Breite« hängen, sie war allein schon ein ganzes Lied, und der Zauber der sanften Frühlingsluft, der wunderseligen Landschaft überm Untersee, der nahen Schweiz, wohin man in wenigen Minuten im Ruderboot gelangen konnte, mit dem Schiffsmann Keller oder gar im eigenen »Gundele«, nahm mich gefangen. Ich gedachte hier eine Praxis als Landarzt aufzumachen und mein Brot auf eine ehrliche, wenn auch mühsame Weise zu verdienen. Es gab nur Schweizer Ärzte, die – von Steckborn oder Eschenz und Stein – auf das badische Ufer herüberkamen. Nebenher dachte ich, das eine oder andere Buch zu schreiben – und Hesse, der mich gerufen und zu Gast geladen hatte, bestärkte mich in meinem Plan.

Es kam anders und daran war, neben der Armut der Bevölkerung, die hinreißende Schönheit des Bodenseelandes schuld, die vom Frühjahr zum Herbst, von Blüte zu Frucht und Ernte drängt;

aber vom Nebel und unersättlichen Winter und vom herzbeklemmenden Föhn wußte ich noch nichts.

14. März 1949

Das Schloß in Gaienhofen

Geschichten um Hesse

Die Tabakspfeife

Alles hatte ich versucht, um ihm den Geschmack am Rauchen zu verleiden, denn Axenfeld hatte es verboten; es war immerhin an eine neuritis optica zu denken. Aber die Neigung zu dem edlen geistanregenden Kraut war unwiderstehlich, kein Rat, kein Spott, keine Drohung fruchtete. Einmal brachte ich ihm Zigarren, die so abscheulich schmeckten, daß den leidenschaftlichsten Rauchern die Luft verging. Ohne Erfolg. Er griff wieder zu den geliebten schweren Brisago.

Schließlich aber war er doch mürbe geworden. Er wohnte schon im neuen Haus und hatte doch offenbar so schlimme Erfahrungen mit dem verfluchten Laster gemacht, daß er einen unabänderlichen Entschluß gefaßt hatte. Er wollte sich selbst den Weg zurückverbauen. Er verschenkte seinen Tabak und seine Tabakspfeife. Er stieg zum Nachbarn Schneider Köpfler durch den Garten herunter und klopfte ans Fenster. »Schneider«, sagte er«, da haben Sie meine Pfeife! Es ist die letzte, die ich geraucht habe.«

Der Schneider wunderte sich über solchen Heldenmut; er selber hätte ihn nicht aufgebracht.

Aber er hatte auch einen gewichtigen Grund zum Rauchen: er war Imker und *mußte* seine Bienen unter Rauch setzen, wenn er Honig schleudern wollte. »Freilich, Herr Hesse«, sagte er, »wenns doch sein soll«, und nahm die Pfeife dankend an. Bekam auch den Tabaksbeutel noch dazu und steckte alles gut ein. –

So verging ein Sommer, und Hesse litt alle Qualen der Entbehrung, die ein Raucher leiden kann; er kasteite sich, vergaß sich in Gartenarbeit, steckte statt der Zigarre eine Nelke in den Mund oder eine Kapuzinerblüte, dachte an Axenfeld und den nervus opticus, an alle Nothelfer, denn die Augen brannten oft. Das ging so bis in den Herbst.

Da klopfte es wieder an des Schneiders Fenster an. Hesse stand draußen.

»Schnider«, sagte er ein wenig kleinlaut, »haben Sie meine Tabakspfeife noch?«

»Freilich, Herr Hesse!«

»Lassen Sie sie mich doch einmal sehen!«

Der zog eine Schublade auf am Schneidertisch, auf dem er saß und nähte und holte die Pfeife heraus. Es glänzte sanft in Hesses Augen.

»Und den Tabak?«

»Den auch!« – Sie war noch gestopft.

»Lassen Sie mich bloß einen Zug dran tun, Schnider; weiß nimmer, wie sie schmeckt.« –

Der zündete an. Ein paar Züge, ein Aufatmen – und strahlend steckte Hesse die Pfeife in seine Brusttasche, wie einen großen Schatz, den er gefunden. »Und der Beutel?«, rief ihm der Schnider nach. »Nicht nötig, ich hab noch einen oben«, sagte Hesse glücklich.

Kontrollversammlung

Er war immer ein Feind allen Zwanges gewesen und besonders des staatlichen, militärischen, des Soldatenspielens, der Bürokratie. Sein Großvater Dr. Hermann Hesse war kaiserlich russischer Staatsrat, Arzt, Estländer, sein Vater als russischer Untertan geboren, doch hatte er als Missionar in Basel die Schweizer Staatsangehörigkeit erworben, und nachher in Calw für den Sohn Hermann die württembergische; denn er sollte durchs Landexamen ins Seminar nach Maulbronn und ins Tübinger Stift, ein schwäbischer Pfarrer zu werden.

In Gaienhofen mußten die Landwehrmänner alljährlich zur Kontrollversammlung nach Wangen kommen, eine Wegstunde, das war ärgerlich, und einmal war auch Hesse mitgegangen. Man mußte den Zimt mitmachen. Zwar hatten die Schweizer drüben am anderen Ufer auch Soldaten, die ihre Übungen machen mußten, und ihre Kanonen donnerten häufig vom Artillerieschießplatz in Frauenfeld zu uns herüber über den Bodensee. Aber das hatten die Schweizer mit sich selber auszumachen. –

Das nächste Mal beauftragte Hesse irgend einen

Gaienhofer Wehrmann, ihn in Wangen zu entschuldigen, da es wieder so weit war. Er war unpäßlich oder auf Reisen, er konnte sich jetzt nicht mehr mit solchen Dingen herumschlagen. Er vergaß es oder wollte nicht und einmal war es so, daß keiner den Auftrag hatte ihn zu vertreten, als er aufgerufen wurde.

Aber wehe dem, der einem militärischen Befehl nicht Folge leistete! Man kann nicht wider den Stachel löcken, auf keinen Fall!

Der Landwehrmann Hesse bekam die Aufforderung, sich am so und so vielten, da er unentschuldigt gefehlt habe, beim Bezirkskommando Stockach persönlich zu stellen, widrigenfalls ... – und die Kriegsartikel wurden zitiert!

Ein Gespenst drohte.

Der Landwehrmann Hesse fuhr an dem befohlenen Tag nach Stockach und stellte sich. Zurück kehrte ein glühender Kriegshasser und Vaterlandsverächter.

Die indischen Kleider

Als er sich nach reiflichen Überlegungen entschlossen hatte, nach Indien zu fahren, nahm Hermann Hesse wieder wie einst als Knabe englische Stunden und bereitete sich gründlich vor. Seine Frau Mia, die wie ihr Mann harte Zeiten hinter sich hatte und eine sparsame Hausfrau war, kam zum

Schneidermeister Köpfler herunter: sie hätte da einen weißen Stoff kommen lassen vom Herzog in Leipzig, für Sonnenanzüge in Indien, er möge ein halbes oder ganzes Dutzend daraus anfertigen.

Der Schneider prüfte den Stoff. »Das ist nichts für Indien«, sagte er; »das ist schlechtes Zeug, Ramschware, das reißt unterwegs; das können Sie nicht verwenden. Dazu muß man die allerbeste Seide nehmen – ich kann's Ihnen besorgen.«

»Je«, sagte Frau Mia, »jetzt hab ich sie schon! Es wird zu teuer werden, und mein Mann braucht sie bald.« Und kurz und gut: er solle sie nur machen.

So schneiderte er ihr die weißen Sonnenanzüge für Indien zusammen und lieferte sie am verabredeten Tag ab. Hesse zog einen an und gärtnerte einen Tag lang. Dann erschien er unter dem Fenster beim Schnider. –

»Do hänt Sie Ihr Zeug wieder«, knurrte er und warfs auf den Tisch. »Das reißt ja beim ersten Mal, wo es kann!« Und er war sehr aufgebracht.

»Habs Ihrer Frau vorhergesagt«, entgegnete der Schnider. »Der Stoff ist nicht zum Strapazieren geeignet; aber sie wollte nicht hören.«

Da nahm Hesse zornig den Anzug auf den Arm und ging in sein Haus hinauf. »Und gleich ein ganzes Dutzend«, hörte der Schnider schallen, »das wird ein teurer Spaß!« –

»Jetzt wollt ich nicht Frau Hesse sein«, sagte die Schniderin.

Die Malven

Als ich an der Novelle »Verzauberung« um Hesse und Lulu saß, dachte ich die schönen Blumen auf der Limburg bei Kirchheim unter der Teck pflükken zu lassen, die wir dort einst gefunden hatten – hellrosa Kelche oder Sterne – ich hatte sie wilde Malven getauft. Der Apotheker in Kirchheim wußte den eigentlichen botanischen Namen, der mir entfallen war.

So schrieb ich nach Kirchheim um den Namen, bekam aber keine Antwort. Und erzählte es unten beim Schneider Köpfler, dem Imker, dem ich einst Bienenblumen gebracht hatte, Goldrutensamen und Asklepias.

»Da hab' ich auch eine schöne Blume, die eben blüht«, sagte er – »hellrosa; die honigt wie keine andere. Vor 30 Jahren hat sie mir Fräulein Auffermann gegeben; sie wollte einen Heilkräutergarten anlegen.«

»O, – die möcht ich sehen«, bat ich. »Zeigen Sie sie mir.«

Der Schneider ging mit mir in den Garten, am Bienenstand vorbei – und da stand ein Busch in Blüte, hellrosa mit lichten Sternen — er brach und reichte sie mir: meine Limburger Malven!«

»Nie hab' ich sie noch gesehen, nirgends als auf der Limburg, brauche sie jetzt um Hesse und finde sie – in Gaienhofen! Bei seinem Nachbarn! Und verpflanzt hat sie die Käuferin seines Hauses, in seinem Garten!«

»Nur hat sie ihr Nachfolger herausgerissen«, sagte der Schnider, »und ich hab' sie noch!«

»Da wollen wir sie weiterpflanzen, wo wir können«, sagte ich – »und Hesse bekommt einmal einen Topf Honig davon – Malvenhonig!«

Plakat: Links das neue Hesse-Haus, rechts das von Ludwig Finckh. Das »Künstlerhaus« des Schneiders Köpfler beherbergte die Malerfreunde

GAIENHOFENER
FESTSPIELE
IM OBERLICHTSAALE
DES KÜNSTLERHAUSES
MONTAG 13 IX 1909
ABENDS 8 UHR

Schwere Jugend

Hermann Hesse war ein frühreifer Knabe mit überaus empfindlichen Sinnen, den jeder Schmerz tiefer und weher traf als andere Kinder. Waren doch schon Vater und Mutter feinnervigerer Konstitution und litten unter Rohheit und Gefühllosigkeit unendlich. –

In Hermanns Leben zeichnen sich Krisen ab, von denen die erste, in der Zeit der Reifung, verhängnisvoll zu werden drohte. Adele Gundert, seine Schwester hat in ihrem Buch über ihre Mutter »*Marie Hesse*« davon erzählt.

Er hatte das Landexamen in Göppingen 1891 glücklich bestanden und war im Herbst ins Kloster Maulbronn eingetreten, wo er sich heiter und glücklich fühlte; es mochte aber doch Konflikte gegeben haben, von denen die Außenstehenden nichts ahnten. In »Unterm Rad« hat er sie sich später – 1904 in Calw – von der Seele geschrieben. Gehörte er doch offenbar zu den Menschen, die nur glücklich sein konnten, wenn sie unglücklich waren. – Noch am 3. März 1892 hatte er anscheinend fröhlich nach Hause geschrieben. Da traf am 7. die Nachricht ein, er sei aus Maulbronn entwichen, so wie er ging und stand, mit Schulbüchern unterm Arm, ohne Geld – man befürchtete das

Schlimmste; die Mutter sah ihn schon in einem der Maulbronner Seen liegen. Anderntags hatte sich Hermann wieder gefunden: ein Landjäger, der ihm begegnet war, hatte ihn zurückgebracht. Er hatte bei 9 Grad Kälte im Freien übernachtet. Er kam noch gnädig, mit 8 Stunden Karzer weg. –

Als die Mutter im Mai nach ihm sah, schien er ruhiger, sei in der Schule aufmerksam, schaffe aber nicht, sondern dichte. Er wurde nun nach Bad Boll gebracht, zu Pfarrer Blumhardt dem Jüngeren, aber bald trat wieder Kopfweh und Schlaflosigkeit ein. Am 20. Juni machte er einen Selbstmordversuch. Die Mutter fuhr mit ihrem Sohn erster Ehe, Theodor Isenberg, nach Boll. Sie trafen ihn finster, verstört, als Gefangenen an. Blumhardt behandelte ihn »furchtbar scharf und streng«, was ihn immer verstockter machte und riet schließlich zu Pfarrer Schall in Stetten im Remstal. Dieser, der eine Anstalt für fallsüchtige Kinder hatte, nahm ihn liebevoll auf und beschäftigte ihn aus guten Erfahrungen heraus mit Gartenarbeit, womit er das Richtige getroffen hatte. An Hermanns 15. Geburtstag, 2. Juli 1892, wurde er zum Kaffee geladen mit Blumen und Hefenkranz und durfte mit dem Inspektor feiern und mit drei Lehrern im Wald spazieren gehen. –

Weihnachten verbrachte er zu Hause in Calw. Er äußerte aber beim Abschied zur Mutter: »Täusche dich nicht über mich, ich bin noch ganz ebenso krank und unglücklich wie damals in Boll und stürbe am liebsten gleich.« –

Am 25. April 1893 starb dann in Calw der schwäbische Großvater Dr. Hermann Gundert, fast 80 Jahre alt, es war große Trauer im Hause. – Hermann ist melancholisch, düster; die Mutter erkrankt 1894 an Knochenerweicherung und wird bettlägerig. Am 5. Juni entschließt sich Hermann, das faule Leben aufzugeben und tritt aus freien Stücken in die mechanische Werkstatt von Perrot in Calw ein. Damit hat er die Krise überwunden, einen Weg gefunden. – Zwar helfen die heißen Bäder Liebermeisters der Mutter nicht, auch keine Phosphorkur und Elektrizität, die Geschwulst der Glieder nahm zu. Am 25. Juni 1895 lernt Hermann, immer noch bei Perrot, Englisch bei Adele, er will in einigen Jahren nach Brasilien und vorher Mechanik und Landwirtschaft lernen. Hat er von Emil Gött und Emil Strauß gehört? – Am 17. Oktober aber entschließt er sich, Buchhändler zu werden und tritt in Tübingen bei Heckenhauer als Stift ein. Und die Begegnung Hesse und Finckh beginnt. – Ein Student der Rechtswissenschaft und ein Buchhändlerschwung – beide dichten. –

Inzwischen vollzieht sich an der Mutter ein Wunder. Der Reiseprediger Schrenk kam am 6. Januar 1896 nach Calw und zu Hesses, gewinnt ihr Vertrauen. Am 12. legt er der Mutter die Hand auf und heilt sie: Sie kann aufstehen, allmählich wieder gehen, ja nach kurzer Zeit ihrer Arbeit wieder voll nachkommen. Wie ein Lauffeuer verbreitet sich die Kunde durch Calw und das ganze Land Württemberg. Der Zustrom zu Schrenk wird ungeheuer. – Am 20. November 1886 stirbt in Weißenstein in Estland der russische Großvater Dr. Hermann Hesse, Staatsrat. Zum Geburtstag am 18. Oktober 1897 schickt Hermann der Mutter ein Heft erster Gedichte und Aufsätze, er ist 20 Jahre alt und scheint schon ein ganzes Leben hinter sich zu haben. –

Im Sommer 1899 siedeln Hesse und Finckh nach Kirchheim/Teck um. Finckh hängt die Juristerei an den Nagel und wird Mediziner, Hermann geht als Buchhändler nach Basel ins Antiquariat Helbing und Lichtenhahn. Man trifft sich in Freiburg und Basel, den »Romantischen Liedern« Hermanns hat Finckh die »Fraue« folgen lassen; Hesse ist in glücklichem Schuß, leidet aber unter Augenschmerzen. Am 22. November 1899 schickt er zur Silbernen Hochzeit der Eltern das Gedicht:

»Die Jahre, die euch schwer gewesen,
uns Kindern waren sie, mir deucht,
verklärt und hold und auserlesen
und wunderleicht.«

Wunderleicht. Er hat alles vergessen, was er gelitten. Anfang März 1901 kommt er nach Calw, liest Gedichte vor, geigt, treibt italienisch, fühlt sich wohl und daheim – man fährt im Schlitten nach Aidlingen zu Theodor und den Enkeln. Hermann wollte durchaus mit nach Calw zurück und weinte bitterlich beim Abschied. Er ahnte wohl . . . Denn die Mutter ist wieder krank an den Nieren, und der Vater nicht minder – an den Augen. Die »Schwermutwolke«, die schon Großmutter Christiane hatte, ist gewichen. Im Februar 1902 ist Marie Hesse voll Danks und Freude gegen Gott und am 24. April schläft sie sanft ein. Sechzig Jahre war sie alt geworden. – Hermann konnte ihr die neuen Gedichte nicht mehr in die Hände legen. Er widmete sie der toten Mutter:

»Ich hatte dir so viel zu sagen,
ich war zu lang im fremden Land,
und doch warst du in all den Tagen
die, die am besten mich verstand.« –

Am 2. August 1904 hat Hermann Hochzeit mit Maria Bernoulli aus Basel. Er hat den »Peter Camenzind« geschrieben, sein Ruhm durcheilt Deutschland und die Schweiz, er ist 27 Jahre alt und gründet sich in dem kleinen Dorf Gaienhofen am Untersee auf der Halbinsel Höri ein eigenes Heim. Im Frühjahr 1905 zieht auch Ludwig Finckh dorhin. Er hat den »Rosendoktor« geschrieben und ihn Hermann gewidmet, wie dieser ihm den »Camenzind«. Und die glücklichen Jahre am Bodensee folgen – acht entscheidende Jahre. –

Johannes Hesse, der Vater, erlebt den Ruhm des Sohnes noch; am 8. März 1916 stirbt er in Korntal, 69 Jahre alt, bei den Töchtern Adele und Marulla.

24. Mai 1948

Das Paradies

Ein glückliches Geschick hatte es gefügt, daß zu dem Grundstück, das ich erworben hatte, ein unfruchtbarer Abhang gehörte, auf dem nichts wuchs als Gras und Unkraut, wenn auch die Sonne heiß darauf brannte. Niemand legte Wert auf solchen Boden. Aber er barg Gold für mich; denn er bestand aus Molasse, purem grauen Felsensand und ich faßte gleich den Entschluß, die Goldgrube auszubeuten, einen Anstich zu machen, eine Höhle, einen Felsenkeller zu graben. Ein junger Bursche aus dem Dorfe, der Köpfler-Fritz, ging mir zur Hand und ich hieb nun Tag für Tag wie ein Bergmann mit dem Pickel darauf los. Es war eine Lust, allmählich immer tiefer in den Berg hineinzukommen, unter Tage, unter gotisch gespitzten Gewölben einen Gang zu erhauen und Karren um Karren mit Silbersand ans Tageslicht herauszuschaffen. Ich trieb einen Seitenstollen vom Hauptgang aus an, eine härtere dünne Schicht mit Muscheln splitterte auf – was für ein Meeressturm hatte hier einst gewogt? – Am Boden geriet ich auf eine Wasserader und durfte nicht tiefer gehen; es kümmerte mich nicht, daß ich längst unter dem Nachbargrundstück grub. 8,9 Meter war ich schon vorgedrungen.

Während ich in dieser anscheinend sinnlosen Arbeit schwelgte – es wurde nachher unser bester Winterkeller für Rüben, Kartoffeln und Gemüse und ich führte Buben mit einer Laterne herein: »Wollet ihr meinen Bären sehen, er wohnt ganz hinten, höret ihr ihn?« (wobei ich ihn brummen ließ und durch Zurufe besänftigte) – hatte sich ein Malersmann vorn, wo noch Licht hereinfiel, mit Stichel und Messer zu schaffen gemacht. Er hieß Martin Nikolaus, ein Schlesier und er war aus Stuttgart gekommen, um sich bei uns an der goldenen Luft satt zu trinken. Der feinkörnige Sand hatte ihn gereizt, und er schuf nun an den Wänden zarte Figuren, Köpfe und Blumen, eine ganze Bildhauerei, die heimlich und verborgen meine Felsenhöhle zierte. Freilich war ihr Dasein nur von beschränkter Dauer; der Frost im Winter ließ den Sand zerbröckeln und die lieblichen Gestalten schmolzen dahin.

Nikolaus wurde nachher ein feinsinniger schwäbischer Landschafter. Ich habe wenig Bilder aus dieser frühen Zeit aufbewahrt. Da steht mein altes Häuschen im Schnee und Frau Hesse, Maria, auf Schiern davor. Wir hatten in diesem Winter so viel Schnee, daß man mich fast herausschaufeln mußte; da hatten wir uns gleich in Konstanz Schneeschuhe beschafft – damals noch eine Rarität. Auch Prinz, der junge Bernhardinerhund, ist schon dabei, ein echter Schneehund aus den Alpen und meine beiden Eselchen, Lump und Gretle, haben ihr dickes Winterfell aufgesetzt. – Den Eselstall hatte ich neben dem Felsenkeller eingerichtet und das dreieckige Weidestück mit einem Zaun umgeben; hier konnten meine guten Tiere frei herumgehen. Oft fand sich dann bei ihnen auch Hesse ein, mit einem Körbchen an der Hand, als Goldsucher; denn er sammelte für seinen Garten die goldbraunen Äpfelchen, die meine Grauschimmel-

Ludwig Finckhs Haus

chen produzierten, um sie in den Kreislauf seiner Wirtschaft einzufügen.

Ein wenig später habe ich auch Isolde auf dem Arm, die kurzhaarige Bernhardinerhündin, 6 Wochen alt – ich lebte damals ganz unter meinen Tieren, fütterte sie mit Reis und Hundekuchen und fühlte mich bei ihnen wohler als unter Menschen; wir verstanden uns. Ich hatte auch vom Nachbarn im Döbele einen Bach gepachtet, staute ihn durch einen Damm und setzte Fische ein, Forellen und Karpfen. Alle Tiere waren mir lieb, auch die Katzen, obwohl sie mir meine Singvögel gefährdeten, die ich in der Hecke pflegte. Ich hatte gleich zu Anfang einen großen Hag aus Weißdorn und Weinrosen um mein Gütlein gepflanzt. Und das war gut. Denn ein paar Jahre später hat Isolde Junge von Prinz, vor dem Felsenkeller trotten wie Bärlein 4 drollige Bernhardinerwelpen herum, um Bärbele, mein Töchterchen, das mit den Fingern Figuren in die Sandwand kratzt, wie einst Nikolaus. Und noch ein wenig später reitet ein Büblein, Konrad, auf Isolde. Sie liegt auf der Erde und läßt alles mit sich machen, hat auch ein kleines Kätzchen zwischen den Pfoten, das mit ihr aufgewachsen ist und zärtlich geliebt wird. Und oben am Waldrand über dem Segete-Weiher liegen zwei sommerlich im Gras herum, Hermann Hesse und Finckh und lassen sichs wohl sein; Hermann hat sich einen linden Vollbart wachsen lassen. Man spürt die Sommersonne glühen und ahnt, daß vor uns im Weiher die gelben Iris blühen und die Segelfalter schaukeln. Hesse war immer ein leidenschaftlicher Schmetterlingsfänger. Er hat wohl auf seinem Hut recht jägermäßig einen Eichhörnchenschwanz und wir haben eben hinter Langen-Eichen im Wald die Füchse vorm Bau in ihrem Familienglück belauscht.

Ringelnattern glitten unten am See durch die Wiesen. Sie sonnten sich am Strand und schwammen weit hinaus ins Wasser. Im Moorgrund färbten sie sich oft dunkelgrau, schwärzlich. Ein Gast fragte mich einst ernsthaft, ob es im Bodensee Seeschlangen gäbe, er habe eine begegnet. Ich mußte bejahen; denn die Ringelnattern sind treffliche Schwimmerinnen und manch eine hob auch wohl den züngelnden Kopf aus dem Wasser; ich sah einmal eine vor mir und hätte geschworen, sie habe ein Krönchen auf dem Haupt getragen, eine Schlangenkönigin. – Und einmal trafen wir, Hans von Hoffenstal, ein Dichter aus Wien, war mit, oben auf dem Schienerberg, eine armsdicke und armslange herrliche hellbraune Ringelnatter, gewiß die Urgroßmutter aller Schienerbergnattern. Es war wie in einem Märchenreich.

Goldene Märchen! Der Weg von Radolfzell her war weit, zwölf Kilometer, und es fuhr nur eine altersschwache Postkutsche mit klapprigen Gäulen. Mein Nachbar, der alte Sieber, war einmal Postillon gewesen. Ich habe noch ein Posthorn von ihm an derWand hängen und blase den Kindern darauf. Und er hatte auch zwei brave Mähren im Stall, die ihm seinen Planwagen mit Geschirr,

Töpfen und Häfen auf die Messen führten. Er kaufte unterwegs oft noch einen alten Gaul dazu, fütterte ihn mit Haber auf – böse Zungen behaupteten mit Arsen – daß er dick und glänzend wurde und verkaufte ihn wieder mit Gewinn als Zug- und Ackerpferd. Einmal aber fuhr ich in einer Kutsche als Hochzeiter die Landstraße daher, glückstrahlend und lachend mit meiner lieben Braut und als wir vor Langen-Eichen in den Wald einbogen, traten zwei Männer heraus, festlich angetan mit Zylindern und Bratenröcken, schossen Pistolen in die Luft, Freudenschüsse und stellten sich hinten auf die Kutsche wie bei großen Herren – Hesse und Bucherer. Ein andermal an einem 2. Februar in Eis und Schnee, empfingen sie uns in Radolfzell, unser Haus sei in dieser Nacht abgebrannt, wir sollten umkehren und nicht weiterfahren, wir würden nichts mehr als ein Häuflein Asche vorfinden. Wir fuhren dennoch mit ihnen im Schlitten her und sahen das Feuerlein verrauchen von unserem verbrannten Hab und Gut. Hier lagen alle meine Bücher und Bilder in Asche, meine Uhren und Briefe, Verse von Hesse selbst, unwiederbringlich, Handschriften von Böcklin und Hans Thoma, von Humperdinck und Falke, von Dehmel und Liliencron. Und viel kostbares Hochzeitsgut. Ein dickes Tagebuch, halb verkohlt, hatten sie noch in die Flammen zurückgeworfen.

Und wieder einmal, an einem Frühlingstag, kam ich von Radolfzell auf dieser Straße hergefahren, meine alten Eltern im Wagen, und in Langen-Eichen erwartete uns der Köpflerfritz mit dem Eselgespann, Vater und Mutter kletterten hinauf auf das leichte Wägelein, und ich kutschierte sie den Berg hinunter in unser neugebautes Haus.

So war das damals mit uns. Die Malven und Sonnenblumen blühten rot und gelb und die Rosen in meinem Hag dufteten, die Vögel sangen und die Rehe weideten in Rudeln. Wir aber dichteten und pflanzten und säten und wußten nicht, daß wir im Paradiese lebten.

21. Juni 1946

Blick auf Horn

Schwäbische Kunde

Die deutschen Stämme haben sich natürlicherweise zuerst auf dem eigenen Boden fortgepflanzt, eine gewisse Inzucht war gegeben. Die Familien verbanden sich untereinander, man bildete eine einzige Gemeinschaft: Urahn und Enkel. Nur langsam drang fremdes Blut ein.

Unter Schwaben ist das nichts Besonderes. Wir sind alle zu einem Teil verwandt, durch Ahnengleichheit, Bürger und Bauern, Gelehrte und Handwerker, auch die Dichter, ob sie Schiller, Mörike, Hauff heißen oder Schussen, Lang und Lämmle. Aber es mag doch sein, daß manche näher zu einander gehören durch Gemütsart, Gaben, Wesen enger miteinander verbunden sind als andere und daß ein »Schicksal« waltet.

Um eines Menschen Wesen zu verstehen, seiner Seele näher zu kommen, muß man, wie bei einem Metall, seine Zusammensetzung kennen. Hier liegt auch der Schlüssel zu seinem »Schicksal«. Es ist wohl im Großen in ihm begründet durch sein Erbe – er hat seine Grenzen; doch kann er sie überspringen: jeder ist seines Glückes Schmied. –

Als wir uns in den Studentenjahren in Tübingen kennenlernten, Hesse und ich, um 1896, ahnten wir noch nicht, daß wir auf Schwäbisch gesagt

»Vettern« waren. Hermann war Buchhändlerschwung bei Heckenhauer, ich Student der Jurisprudenz; aber beide machten wir Verse und fanden uns nach Feierabend an den Werktagen in der »Seife« oder »Forelle«, an Sonntagen in meinem Elternhaus in Reutlingen zusammen. Es waren blühende, glühende Jugendtage. Wir hatten Fühlung genommen mit Dehmel, Falke, Liliencron und standen in Vollmondnächten auf einem Steinblock in Reutlingen vor der Marienkirche, Verse an den Sternenhimmel werfend. Wir fühlten uns als Brüder – hatten wir doch auf unsere Art Blutsbrüderschaft geschlossen.

Als ich mich, 20 Jahre später, hinter die Ahnen machte, erfuhr ich den Grund: wir hatten ein und dieselben Ahnen, unendlich viele Gemeinsamkeit des Bluts, waren tatsächlich verwandt. – Freilich strömten in jedem noch andere Bäche, die auseinanderführten, zugleich aber reizten und befruchteten. Ich muß hier etwas weiter ausholen, um die feine und merkwürdige Zusammensetzung des Dichters Hesse aufzurollen.

Von ihrem Vater her war Hesse's Mutter, *Marie Gundert,* Schwäbin aus einem alten Kaufmannsgeschlecht von Stuttgart. – Früh spielen auch schon Pfarrer, Doktoren der Medizin, Professoren herein, die Enßlin, Benz, Mögling aus anderen schwäbischen Geschlechtern, ein reicher Kranz württembergischer alter Geistigkeit. Zwar war Hesse in Calw im Schwarzwald geboren und als Knabe dort aufgewachsen, abgesehen von 5 Basler

Jahren anfangs der Achtziger; aber seine schwäbischen Wurzeln haften im Herzen des Landes, um Stuttgart. Ja, ein Strang verläuft über Heidenheim und Ulm nach Augsburg und Wien – Daur und Erhard, Erzgießer und Bildhauer – zur hohen Kunst.

War Marie Gunderts Vater, Dr. Hermann Gundert, Indologe und Sprachenforscher, urwüchsiger Schwabe, so ihre Mutter, *Julie Dubois,* vollblütige Welschschweizerin aus einer Neuchâteler Winzerfamilie.. –

Hesse. – War der Urvater aus *Hessen* gekommen, aus Süddeutschland nach Norden, als Soldat, wie es heißt, nach Lübeck? Da taucht 1729 der *Lorenz Michael Hesse* auf, als Waise im Sankt-Ägidien-Waisenhaus erzogen, der, nach baltischen Forschern, Schlachtersknecht wurde, auch Arbeitsmann in einigen Gruben, im Blohmgang und jung starb, mit 35 Jahren, »in Armut«. Er hatte eine Lübeckerin geheiratet, 24jährig, Anna Maria Fiedler, die ihm Schifferblut von der See mitbrachte, von den Buller, Pagels.

Was ist Schicksal? – In den Sternen geschrieben, Vorbestimmung – oder im Blut, Erde, Karakter? – Hätte der Lorenz Michael es sich träumen lassen, daß sein Sohn aus Lübecker und Hessenblut, Barthold Joachim, den er nie mit Augen sah, geboren 5 Wochen nach des Vaters Tode, 1765, Lehrbub beim Schlachtermeister Clemens in Reval, ein gewiegter Kaufmann wurde, Schwarzhäupterbruder, Bürger der Großen

Gilde zu Dorpat, Kantor der Deutschen Gemeinde und Ältermann der Brauerkompanie, die das Vorrecht hatte, eigenes Bier zu brauen? Ein grosser Herr in baltischen Landen, der mit 53 Jahren starb. – Ob ihm schon das Wappen der Hesse verliehen wurde: ein goldenes Kreuz im schwarzen Feld, auf dem Spangenhelm ein goldener sechszackiger Stern zwischen schwarzem Flug, Zeichen besonderer Frömmigkeit? – Das vom russischen Kaiser bestätigt, ins Adelswappenbuch aufgenommen wurde?

Er hatte 1794 die *Christina Elisabeth Sengbusch* geheiratet, Tochter des kaiserlichen Ökonomiekammerschreibers, Schreib- und Rechenmeisters Cord Jakob Sengbusch zu Dorpat, Bürger der Großen Gilde, 1743 zu Riga geboren, der Christina Getrude Bresinsky zur Frau hatte – Bresinsky, Glasermeister aus Polen stammend. In diesem Wachstum einer Familie, raschem Aufstieg, tritt die Wichtigkeit der Frauenwahl zu tage, die wieder eine Reihe erbwürdiger Ahnen aufschließt. –

Barthold Joachim Hesses und der Elisabeth Sengbusch Tochter war Henriette, Mutter von Monika Hunnius. Ihr Sohn aber, *Karl Hermann Hesse,* 1802 zu Dorpat geboren, wurde Doktor, Jerwenscher Kreisarzt und kaiserlicher Staatsrat zu Weißenstein in Estland, vermählt mit Jenny Laß – Großeltern von Hermann Hesse, dem südnordostdeutschen schweizer Dichter.

Jeanette Agnese Laß, des Doktors erste, frühverstorbene Frau war 1807 zu Gricken bei Goldingen geboren: Johann Dietrich Laß, Arrendator der Krongüter Gricken und Duhren, Amtmann in Bresilgen hatte die Agathe Gottliebe Beckmann zur Frau, von Antzen. –

Monika Hunnius erzählt in ihrem Buch »Wenn die Zeit erfüllet ist«, daß die Laß »einem alten böhmischen Adelsgeschlecht der Grafen Lascy entstammten, die zur Zeit der Böhmisch-mährischen Brüder die Heimat verlassen mußten, Güter und Reichtum verloren und den Grafentitel ablegten – als Landwirte im Kurland.«

In der Familie Hunnius war eine goldene Uhr als Erbstück von Laßscher Seite erhalten, Geschenk der Kaiserin Maria Theresia an ihren Hofkurier, den Grafen Lascy. Dieser, General und Kriegsminister Johann Jakob Josef Lascy, dessen 5 Töchter in den baltischen Adel einheirateten, soll der Sohn von Peter Lascy und eines französischen Edelfräuleins gewesen sein, der 1740 in russische Dienste trat und Generalgouverneur der Baltischen Provinzen wurde. Sein Bild hing im Rathaus zu Riga. Die Sage geht weiter zurück bis zu einem Vizekönig von Irland.

Des Kriegsministers Sohn wäre danach Johann Dietrich Laß gewesen, der Urgroßvater Hesses. – Übrigens stammte Cord Jakob Sengbuschs Vater, Cord Sengbusch, geboren 1700, Bürgermeister von Riga und Āltermann der Schneidergilde, vermählt mit Elisabeth Maria Drost, aus Berendshagen in Mecklenburg.

Wie mochte aus diesem estnisch-norddeutschen Zweig ein süddeutsches Reis entsprossen sein? – Ohne Zweifel steckte schon in dem armen Lorenz Michael Hesse, in den Fiedler, Sengbusch, Buller, Pagels, Gnüchels ein trefflicher Kern. Der Zacharias Gnüchel, geboren um 1610, besaß ein eigenes Schiff, den »Nordstern«, der 50 Lasten trug mit einer Bude an der Trave zu Lübeck.

Aber nun, der *Südstern!* Auf einem kleinen Umweg. Des Staatsrats Dr. Hesse und der Jenny Laß Sohn Johannes, in alter, protestantischer Frömmigkeit erzogen, ging in die Welt hinaus als Missionar nach Indien und fand eine Frau, die in Talatscheri (Indien) geborene Tochter des Missionars, Indologen und Sprachforschers Dr. Hermann *Gundert* aus Stuttgart, des urwüchsigen Schwaben; seine Frau aber, Julie Dubois, hatte ihm südliches, welschschweizerisches Blut mitgebracht, von frommen reformierten Winzergeschlechtern um Le Locle. Wer denkt da nicht an den Preis des Weins, besonders des Neuchâtelers im »Peter Camenzind«? Hesse, der Sprosse der Winzer, Glaser, Schreib- und Rechenmeister, der das »Glasperlenspiel« schrieb?

Dies süddeutsche, schwäbische, altfranzösische, schweizerische Blut hatte die eine Hälfte des Dichterantlitzes geprägt, die andere war von norddeutschen, mecklenburgisch-baltischen, slavischen Zügen, vom Meer, von der Ostsee geformt.

So durften in seiner Seele südliche und nördliche Keime zur Entfaltung kommen, zum edlen Wort gemünzt, das ihm im Zwiespalt ewiger Unruhe,

Gespaltenheit, Musikalität und Gottsuchertums als schmerzvolle Krönung eines ganzen Geschlechts zufiel, weltumfassend. Was sind da die 216 Jahre, von denen wir wissen, die er in sich trägt als letzten Zusammenklang, davon ihm 75* selbst auf dieser Erde beschieden waren?

Wie stand es nun aber mit der schwäbischen Ader und der »Verwandtschaft« von uns beiden? – Da hatte er mir in der »Fraue« 1899 ein Gedicht geschenkt, Herzbruder mein, und niemand hatte etwas davon gemerkt. Es lief unter meinem Namen, obwohl es von Hesse stammte:

»Wenn mich dein Bild im Traum besucht,
Bekränzt mit Mohn und roten Kressen,
Dem ich so bitterlich geflucht,
Dann muß ich allen Grimm vergessen.

Dann steht mit Tor und Wappenkranz
Dein Schloß vor meinen heißen Träumen
Voll Tanzmusik und Kerzenglanz
Und farbige Lampen in allen Bäumen.

Dann schaut mit lohem Fieberblick
Dich an das Märchen unserer Lüste;
Du wirfst die Locken ins Genick,
Du Schlanke, Blasse, Oftgeküßte!

Du hast die alte Grausamkeit
Und Liebe, schauersüß zu kennen
Und hast ein rätselhaftes Leid
In deinen großen Augen brennen.«

* 75 Jahre: Zum 75. Geburtstag von Hermann Hesse geschrieben!

Und auch er hatte ein Gedicht aufgenommen in eines seiner Bücher, das von mir stammte, in Lauscher: »Lulu«, um 1900:

»Die Fürstin heißt Elisabeth.
Ein Hauch von Sonne, die vergeht . . .« –

Da stand bei ihm ein Ahnherr aufgezeichnet, Magister *Philipp Theodor Brecht,* Pfarrer in Stetten im Remstal geboren 1653, gestorben 1724, dessen Frau *Maria Margarethe Kapff* war. Er stammte von einem ungarischen Offizier Hans Brecht, der 1537 ein adliges Gut zu Weislensburg im Oberamt Weinsberg gekauft hatte, und er war Urururur-, 4 mal Ur-Großvater von Hesse geworden, da sein Sohn, Philipp Theodor Brecht, Hofgerichtsadvokat zu Schorndorf eine Tochter, Maria Christina, hatte, die 1743 den Tutellarratssekretär *Johann Maximilian Enßlin* in Stuttgart heiratete. Ihr Sohn, Johann Heinrich Enßlin, Kaufmann in Stuttgart, vermählte seine Tochter Christiane Luise 1810 mit *Johann Christian Gundert,* Kaufmann, dessen Sohn Hermann, geboren 1814 eben jener Missionar und Orientale wurde, der 1838 Julie Dubois zur Frau nahm, Tochter des Isaak Dubois du Locle; ihre Tochter, Marie Gundert, wurde durch die Ehe mit Johannes Hesse die Mutter von Hermann Hesse. –

Der Pfarrer *Philipp Theodor Brecht* aber mit seiner Frau *Margarethe Kapff* war zugleich mein Ururururur-, 5 mal Ur- Großvater geworden, denn seine Tochter Benigne war mit Sixt Kapff vermählt, Pfarrer in Oberurbach und ihre Tochter, Marie Ulrike Hedwig Kapff hatte den *Johann Konrad Finckh* geheiratet, Kaufmann in Reutlingen, dessen Sohn Sixt Jakob Noah Finckh, Kaufmann, mit Christina Margarethe Engel in goldgerahmten Ahnenbildern vor mir an der Wand hängt – meine Urgroßeltern; ihr Sohn, Hirschapotheker Jakob Noah Finckh wurde mein Großvater, durch seinen Sohn Rudolf, meinen Vater.

So waren unsere Blutsströme einmal ineinander geflossen in denselben Adern, von gleichen Ahnen, den Völter, Kapff, Hirschmann von Schorndorf, den Erbe, Hafenreffer von Tübingen und von Johannes Brenz, dem Reformator Württembergs. Nur daß bei Hesse noch welschschweizerisches, estnisches, mecklenburgisches, polnisches Blut eingeflossen war, während mich von allen Ahnen her nur deutsches Blut geschaffen hatte. Dies war der Unterschied. Hesse war weit vielfältiger gemischt, weltoffener; ihm hatte die Mannigfaltigkeit des Erbes einen Reichtum und eine Fülle von Gaben gewirkt, die sich ergänzten, das Schwäbisch-Idyllische und das Weltweite seines Wesens, kosmopolitisch – ich war einfacher, unkomplizierter gebaut, nur deutsch. Es wäre für jeden von uns unnatürlich gewesen, hätte es sich anders ausgewirkt.

Freilich, auch in mir rumorte unruhiges Blut; ich hatte revolutionäre, umstürzlerische Herrschaften genug darunter, gemeinsame Ahnen oft vier- und fünffach mit Johannes Kepler dem Sternseher, mit Friedrich List dem Volkswirt, mit Hermann Kurz dem Dichter, den Glockengießern, mit den Rittern von Werenwag im Donautal, die in Reutlingen biedere Metzger geworden waren, mit den Kapff und den Schenken von Limburg, mit Joß Weiß, dem Bürgermeister von Reutlingen, der für Luther gekämpft und unterschrieben hatte. Es war trotz aller Legenden keine Schande, von Württemberg und gerade von Reutlingen zu stammen.

Aber wer weiß – die beiden Jungen, die sich da gefunden hatten, Hesse und Finckh, waren durch uralte Bande miteinander verschlungen. In gleichen Urmüttern und Urvätern hatte ihr Leben geschlummert, im selben Schoß einst ihr Los geruht; verwandte Seelen waren gebildet, Saiten gezogen worden, die ineinander klangen; ihre Brüderschaft war einer eingeborenen Harmonie entsproßt. Sie trugen jeder, wie alte Geigen, den Resonanzboden füreinander in sich. Und so war es wohl doch kein bloßer Zufall, daß ihr Weg sie damals in Tübingen und immer wieder, in Basel und am Bodensee zusammenführte und sie nicht voneinander ließ. –

Die Baltischen Daten stützen sich auf Forschungen von Robert Arthur von Lemm in Berlin, die Lübecker auf solche von Karl Johann Paulsen in Irschenhausen; die Schwäbischen auf Quellen von Gundert, Mayer und Molsen.

5. Februar 1952

Laubwerk um Hesse

Es geschehen noch Zeichen und Wunder. Gestern war Mia zu uns gekommen aus Bern, Maria, Hesse's erste Frau, Mutter seiner drei Buben Bruno, Heiner und Martin – Gaienhofener – Großmutter seiner sechs Enkel und Enkelinnen, 84 Jahre alt, weißhaarig, klein, aber noch rüstig, eine alte Bergsteigerin, flink wie ein Wiesel, sonnenverbrannt und rotbackig, und sie erzählte von allen und was aus ihnen geworden. Ich ging mit ihr ins alte Bauernhaus, in dem sie die ersten drei Jahre ihrer Ehe gewohnt hatten, beim Hepfer, und sie besah alles, es hatte sich Einiges verändert innen, verstädtert, aber noch grünte das Laubwerk um die Fenster, der Brunnen sandte seinen Strahl in den Trog vor dem Haus, es stand die Kapelle auf dem Schulplatz. Hier hatte er gedichtet, unsterbliche Werke und hatte uns vorgelesen, wenn wir um den Tisch auf der Bank saßen, und nebenan hatte Mia dazwischen Chopin gespielt.

Wir stiegen durch das Dorf zum zweiten Hessehaus hinauf. Vor einer Woche war noch Hans Hindermann aus Basel dagewesen, der Architekt, der uns beiden unsere Häuser gebaut hatte, 1907, Hesse und mir. Und nun saßen wir bei Waentigs*

* Waentig: Eigentümer des zweiten Hessehauses, Kunstmaler.

drin und Maria staunte, wie hoch die Bäume gewachsen waren im Garten, die Hermann gepflanzt hatte, die Linde und der Birnbaum. Fünf Jahre hatte er noch hier gearbeitet, geschrieben und gegraben, von hier aus war er nach Indien gezogen und hatte uns dann blutwarm erzählt, Blümel und Renner, den Malern und seine Geschenke ausgeteilt. Denn er mußte immer schenken.

Also – Nichtraucher war er geworden auf seine alten Tage – das hatte ich nicht bei ihm fertiggebracht, mit den giftigsten Zigarren! Und wie hatte er immer gelitten an seinen Augen! Am Ende Ninon*? Gewiß.

Und heute hatte ich am Vormittag schon beim Pateidl** in Horn ein Lichtbild entdeckt, das ich vor 15 Jahren in Auftrag gegeben und vergessen hatte – vom ersten Hessehaus, noch mit dem Rosenstrauch, den ich ihm heimlich zum 30. Geburtstag gesetzt hatte, ich will es dem Hesse-Museum in Calw schicken. Da trifft mit der Post eine Zeitschrift ein, »Frankfurter Illustrierte«, mit Bildern zum 75. Geburtstag – köstlich, das alte Familienbild mit den Eltern und Geschwistern allen, Hermann als zwölfjähriger Bub, schön, siegessicher, stolz – auch Adele und Marulla noch, und Hans auf dem Schaukelgaul. Und mir fällt ein, wie ich einst dort geweilt hatte in Calw im »Steinernen Haus«, im Garten, auf dem Berg, wir sangen und dichteten um die Wette. Er hatte mir

* Ninon: Ninon Ausländer, Hesses dritte Frau.
** Pateidl: Fotograf im Nachbardorf Horn

viele Verse geschenkt, die niemand kannte, darunter einen, von dem ich zwei Zeilen behielt:

». . . ich will dich zwingen, zwingen,
will frei und Sieger sein!«

Sie sind mir alle mit meinem Haus verbrannt. – Damals vor 56 Jahren, kam er, Buchhändlerstift, von Tübingen sonntags zu mir herüber nach Reutlingen in mein Elternhaus. Wir lagen im Garten unter den großen Platanen, liefen durch die alten Gassen, tranken am Hansenbrünnele unten, stiegen auf die Achalm und beschlossen den Abend im »Kleinen Finckh«, im Cafe beim Vetter Friedrich, bis es Zeit wurde auf den letzten Zug nach Tübingen. Was war da geschwärmt worden von Literatur um Dehmel, Falke und Liliencron, mit denen wir angebandelt hatten – es gab damals nur sieben deutsche Dichter! – und vollends im Mondschein auf den Steinblöcken, die zum Bau der Marienkirche auf dem Platz vor der »Räuberhöhle« gerichtet waren!

Jetzt stand ich, selber ein alter Mann, wieder in Gaienhofen und dachte der acht kostbaren Jahre, die wir hier miteinander verlebt hatten, im Boot auf dem See, am anderen Ufer in der Schweiz, auf Wanderungen und Fahrten, in Graubünden, am Rhein mit Wilhelm Schäfer, Hans Thoma, Steinhausen, mit Emil Strauß, Bodman, Wilhelm von Scholz. Da trifft wieder Post ein: Hesse schickt mir durch Peter Suhrkamp »Zwei Idyllen«, Festausgabe zum 75. Geburtstag, »in 500 Exemplaren in Halbpergament gebunden und vom Dichter handsigniert« – »Stunden im Garten« und »Der lahme Knabe« – dazu das »Brevier: Das Werk von Hermann Hesse« mit der Aufzeichnung aller seiner Schriften, von den »Romantischen Liedern« bei Pierson* an – 1899, dem »Peter Camenzind«, dem »Lauscher«, den Gaienhofener Büchern bis zum »Glasperlenspiel« in Montagnola – wahrlich ein Riesenwerk deutscher Dichtung und Musik!

Da liegt auch noch ein Heft »Württemberger Land« mit der Abhandlung über ihn: Tag für Tag bringt die Post Berichte und Bilder von ihm – diese von Martin, seinem jüngsten Sohn in Bern aufgenommen – man ist nicht ungestraft weltberühmt und Nobelpreisträger. »Das hat mich mehr gefreut«, schrieb er mir, als ich ihm ein paar Landschaftsaufnahmen von Gaienhofen sandte, »als die Jubiläumslawine, die mich bald zudecken wird.« –

Denn – er hat es geschafft, er ist 75 Jahre alt geworden, trotz der schweren Brisago und der beißenden Knochen, durch unsäglichen Fleiß und Willenskraft, durch Tode und Bitternisse, hellhörig und leuchtend, der gütige Mensch und große Dichter.

21. Juni 1952

* Pierson: Pierson-Verlag, ein Herstellerverlag, d.h. seine Autoren mußten die Druckkosten selbst bezahlen

Alte Bilder

Lieber – Du weilst in einem Kurhaus und kannst Dich wieder aufmöbeln; das ist gut. Gewiß – es zwickt uns hier und zwackt uns da; wir spüren, wo die Niere sitzt und wo die Leber und ich glaube sogar zu wissen, wo die Seele ist. Wir haben so viele Freuden auf Erden gehabt und noch mehr Leiden. Als ich liebte und mich verlobte, konnte ich es kaum fassen, all das Glück, es strömte über aus dem Krug, ich brachte den Mund nimmer zusammen vor Glück und Lachen – und wie haben wir uns auch die Augen fast blind geweint, um eine Frau, um ein Kind, haben das Leben verflucht und sind bitterlich gestorben.

Der Tod hat keine Schrecken mehr für uns, er ist willkommen jederzeit, wir sind bereit. Aber es ist erstaunlich, wieviel Regenerationskraft der Mensch in sich hat. Immer wieder wacht man zum Leben auf und ist wieder frisch und kräftig, und glaubt, geträumt zu haben. Ich bin so oft unter dem Messer des Arztes gelegen, habe geblutet und bin gestillt worden. Als kleiner Bub fiel ich in einen Glasscherben und mußte genäht werden. Man sieht heute kaum eine Narbe mehr, obwohl das Augenlid zerschnitten war. Einmal war der Schmelz meiner Zähne geschwunden, ich konnte keinen Apfel mehr beißen, die Säure zog durchs ganze Gebiß, schon die kühle Luft, das Atmen schmerzte; ich aß dann Kalk und pinselte Höllenstein, der Schmelz ist wieder gewachsen, ich spüre nichts mehr davon. – Und so bei allen Krankheiten. Mehreremal war ich am Tod – Diphterie, angina pectoris – das Herz hielt stand.

Du bist ein Abendmensch, Hermi, Du kannst in der Nacht schaffen und die Sterne glänzen lassen; ich bin ein Morgenmensch, um 4 Uhr früh bin ich hellwach und wir sind so glücklich, in Gottes Werkstatt schaffen zu dürfen, zu schöpfen, Glokken zu gießen, die schwingen und läuten in Menschenherzen: das Einzige, das den Namen Glück verdient. Gehülfen Gottes. Wir haben auch die Gnade des Vergessens. Wir haben geirrt und gefehlt wie jeder Mensch, es ist an uns gefehlt und verbrochen worden wie an jedem Menschen. Aber wir stehen noch und staunen selber, daß wir es hinter uns gebracht, vergessen, vergeben haben. Wir schauen auf unser Leben zurück, wie auf einen langen langen Weg, auf dem wir Vielen begegnet sind, Getreuen und Ungetreuen, und wohl denen, die mit uns gegangen sind bis zuletzt und bewährt gefunden wurden. 30 Jahre hin und 30 Jahre her, das ist eine Kleinigkeit. Aber nicht das Leben ist das Wichtigste, sondern das Sterben. Ich bin an vielen Totenbetten gestanden und habe Menschen die Augen zugedrückt, ich verstehe etwas vom Sterben. Es ist nicht schlimm, Hermi, es ist ein Auslöschen, Heimgehen, die Seele entschwebt –

wohin? In glücklichere Gefilde. So weit wir auf das Leben zurückblicken können – 70 Jahre – so wenig schauen wir voraus, hinter den großen Vorhang und über Gottes Schöpfung hinaus. Selbst die Weisesten unter uns können uns nichts darüber sagen, kein Philosoph und kein Arzt und kein Seher, und doch ist es nicht zu Ende mit uns, die Seele webt weiter, zumindest in anderen Seelen, verleiht Kraft, mein totes Kind hilft mir. Goethe ist so lebendig, wie da er unter uns wandelte. Und so bleibst auch Du und etwas von mir im Gewebe der Zeit hangen. Morgenstrahlen und Abendstrahlen, wie Mathias Claudius, Eichendorff und Mörike.

Solange wir aber noch auf Erden weilen, lieben wir uns. – Heute fielen mir ein paar alte Bilder in die Hände, Lichtbilder, ich hatte sie ganz vergessen. Nun reden sie mit mir. Ein Blatt in braunem Goldton: auf einer Wiese stehen wir beide, auf einer Anhöhe überm See, an eine Schranke gelehnt, du hast wohl eine Blume zwischen den schmalen Fingern, ein wollenes Wams und eine Tuchmütze auf dem Kopf, und – du trägst einen Vollbart! Es muß um 1910 gewesen sein. Du siehst deinem Vater sehr ähnlich, so, wie ich ihn im Gedächtnis habe. Du lächelst gütig – ich möchte wissen, wer uns aufnahm. Ich stehe daneben in gestreiftem Sommerhemd und Strohhut, einen hellen Binder habe ich umgeschlungen, einen Ledergürtel. Beide tragen wir kurze Hosen und Brillen auf der Nase. Die beiden Schriftsetzer von Gaienhofen. Wir Faulenzer, die auf der Herrgotts-

Hermann Hesse und Ludwig Finckh in Rüschlikon 1927

welt nichts zu schaffen hatten, als spazieren zu gehen, wie die Bauern meinten, und die Zeit totzuschlagen. Dabei warst Du der fleißigste Mensch, der mir im Leben begegnet ist. Das Bild ist unscharf, die sommerliche Luft flimmert, ein Baum in der Ferne hat Laub, ein Feldweg führt an uns vorbei, es wird wohl dem Honisheimer Wald zu gewesen sein. Aber wie friedlich die Welt um uns! Man hört die Bienen summen, und gewiß steigt eine Lerche über uns an den wolkenlosen Himmel. Die Sonne steht mittäglich über unseren Häupten – wir werfen einen winzigen Schatten. –

Und ein anderes Bild. Gleichfalls auf einer Höhe, diesmal über dem Zürichsee, in Rüschlikon, in einem Garten, junge Bäumchen tragen noch kein Laub, strecken kahle Zweige in die Luft. Es ist bei Max Bucherer. Und da steht der Hausherr in der Mitte. Max, Professor, heiter lächelnd, das Gesicht voll dem Beschauer zugewandt – es war wohl seine Frau Else, die aufnahm, städtisch gekleidet, die Hände im Rücken; und zur Linken, die rechte Hand in der Hosentasche, ebenfalls städtisch angetan, Hermi lachend, daß die Zähne blinken, eine schwarzgerandete Brille und einen weichen Hut auf. – Zur Rechten ich, grundsätzlich kurzhosig, doch schon weißen Haares; wir sind alle um die 50; es ist 1927. Ich schmunzle. Ich weiß noch: ich habe dich besucht, du zeigtest mir dein Zimmer mit den farbigen Bildern an den Wänden und ließest mich raten, wer der Maler wäre; ich konnte nicht unterscheiden, ob sie von dir oder von Bruno stammten, der bei einem berühmten Schweizer Maler lernte.

Ja, wir freuen uns alle, wir habens heute sorgenfrei – und da kommt nun auch das dritte Bild: auf der gleichen Stelle, auf einem gewaltigen hölzernen Pferd, einem Muckenschimmel und Schaukelgaul, reiten wir zu dritt in die Welt: ich halte das Rößlein am Hals, an zwei seitlichen Hölzern, hinter mir du mit Hut und Brille, lachend, und zum Schluß Bucherer, die Pratze dir an die Hüfte gelegt; vor dem Pferdekopf aber sitzt ein Mädchen mit langen dunklen Zöpfen, in weißer Bluse, ist es Hanni* das feurige Roß besänftigend?

Ja, wir hatten nur zu lachen damals, an diesem

* Hanni: Tochter von Max Bucherer

Max Bucherer, Hermann Hesse und Ludwig Finckh in Rüschlikon

sonnenvollen Tag in Zürich, wir fünfzigjährige Buben! Die Welt schien rundum friedlich, ich reiste auf ihr umher, ich fuhr in die Schweiz, wir feierten fröhliche Urständ nach langer dunkler Notzeit und sahen hoffnungsvoll der Zukunft entgegen. –

Das ist nun auch schon 20 Jahre her. Aber was ist in dieser Spanne alles geschehen? Alle drei leben wir noch, Bucherer nicht weit von dir im Tessin, du in Montagnola. Nur ich sitze noch am alten Platz in Gaienhofen und zehre von der Sonne, die uns einst geschienen. Wir haben Enkel, alle drei und ihr lebt in der Sonne, ich höre es täglich im Schweizer Wetterdienst, auf der Südseite der Alpen – wir aber liegen im Nebel, im Dunst, in ewiger Trübe – doch grad jetzt, da ich dies schreibe, dringt, wie um mich Lügen zu strafen, eine Helle durch – »der Mond scheint«, ruft Pumper*; aber es ist halb ein Uhr mittags, es ist licht, die Sonne im Nebel, die langvermißte – und es sind Lichtbilder, die ich in der Hand halte – goldene warme Sonne mitten im kalten, eisigen Januar. Es ist die Freundschaft, die strahlt seit 50 Jahren, ein Glanz aus der Jugendzeit.

18. Januar 1947

* Pumper: Enkelin Hadumut Bacmeister

Nun mag es Abend werden

Lieber! Immer schwingt es zwischen uns hin und her, ich träume in der Nacht von dir, wie von meinem Sohn in Rußland, sorge mich. – Ein Freund schickte mir ein dünnes Heftchen, das 20 Jahre alt ist, auf Bütten gedruckt; »Hermann Hesse, der schwere Weg«, Bücherlotterie der Internationalen Buchkunstausstellung Leipzig 1927, schwarz, mit zarten, goldenen Ornamenten, Sonderdruck. – Du schilderst darin, wie du einem Bergführer folgst, einen steilen Weg den Berg hinauf, und fast verzagst; er ermuntert dich, da er bei jedem Schritt sagt: »ich will, ich will, ich will«. Du nimmst es auf, sagst aber trotzig: ich muß, ich muß, ich muß! – bis es dich doch bannt und mitnimmt, daß du in sein »ich will«! einstimmst. Und wirklich – ihr zwingt ihn, den Gipfel – und oben wuchs ein kleiner, gedrungener Baum, auf dem saß ein schwarzer Vogel, und sang ein rauhes Lied, das hieß »Ewigkeit, Ewigkeit!« Furchtbar aber war die Einsamkeit des Ortes, sterben schien unausdenkbare Wonne. Da schwang sich der schwarze Vogel jäh vom Ast, stürzte sich in den Weltenraum, Dein Führer ihm nach ins Blaue, fiel in den Himmel, und du, du sprangst, flogst, schossest seelig und vor Qual der Wonne zuckend durchs Unendliche hinab an die Brust der Mutter. Mir fällt ein Lied ein, das du früh gedichtet hattest und mir geschenkt. Ich weiß nur noch den Schluß: » . . . ich will dich zwingen, zwingen, will frei und Sieger sein«! –

Ja, du hast es bezwungen, bist frei und Sieger heut – Hermi, der Weg war schwer und oft straucheltest du und warst verzagt. Aber du hattest einen guten Bergführer, der dir immer vorsagte: »ich will, ich will – . . . seltsamerweise endest du die Geschichte: ». . . schoß ich seelig durchs Unendliche hinab an die Brust der Mutter.« Der Bergführer war verschwunden, in den zuckenden Himmel gestürzt, du flogst ihm nach, hinab – zur Mutter! Zur Erde? In die Ewigkeit? In der tiefsten Not riefst du immer deiner Mutter, und sie kam.

Deine Schwester Adele hat von ihr erzählt in einem Buch, von Marie Hesse-Gundert. Es ist mir so lieb, wie deine eigenen Bücher; denn ich habe sie gekannt und weiß, wieviel du ihr verdankst. Als ich deinen Vater zum erstenmal sah, wäre ich gerne vor ihm niedergesunken und hätte seine Hände geküßt, so ehrwürdig erschien er mir; als ich deine Mutter sah, dachte ich: es ist *meine* Mutter. *Die* Mutter. Neben mir unter der Kuckucksuhr hängt ein Bild meiner Mutter, meine Nichte, Hilde Böklen hat es gemalt nach dem Leben, weißhaarig, freudig, gütig, voller Impulse und ich weiß, ich bin ihr Sohn, wie du deiner Mutter Sohn bist. Sie haben uns geformt und erfüllt mit ihrem Geist, mit ihrer Liebe, viel mehr noch als die Väter, und wir sind dabei zu ihnen zurückzukehren, in ihren Schoß, an ihre Brust. Der schwere Tag ist bald zu Ende, die Füße tun immer weh, die Augen, die Herzen, aber wir sagen immer noch zu ihnen: es muß, es muß, es muß, und ich will, ich will, ich will. Und wir zwingens, auch ich werde es noch zwingen und frei und Sieger sein, wenn ich die Augen geschlossen habe. Zum Himmel, zur Erde. Der ewige Kreislauf. Durch die Mütter.

Lieber, ich habe das Glück gehabt, den schweren Weg eine Strecke mit dir zusammenzugehen, und es ist schön und tröstlich, noch einmal das letzte Stück zu Ende zu gehen. Wir sind uns nahe wie je, denn wir wissen voneinander, ohne zu fragen, ohne zu sagen, wie Brüder aus dem gleichen Mutterschoß. – Nun mag es leise dunkeln, nun mag es Abend werden. In uns ist es hell vom letzten Sonnenstrahl.

Dein Ugel

8. Februar 1947

Der letzte Abend

Für Hermann Hesse.

Wenn du am Ufer ein Haus noch hast,
Wirf in den See deine Erdenlast.
»Das ist meine Freude, das ist mein Schatz,
Bei mir ist Ruhe, bei mir ist noch Platz.
Die Fische verhalten den schnellen Lauf.
Ich schlucke der Menschen Sorgen auf.«

Und wenn du am See einen Freund noch hast,
Mit dem sitz' zusammen, er lädt dich zu Gast,
Und rede mit ihm von der goldenen Zeit,
Da ihr hier sanget und tranket zu zweit.
Und Brüder waret und Könige reich, –
Das ganze Leben lag noch vor euch.

Und wenn du am See einen Birnbaum hast,
Unter dem sei der letzte Abend verpraßt.
Der Sterne Silber rieselt herab,
Ein Rößlein reitet in schlankem Trab,
Das trägt deine Bürden wohl mit sich fort,
Sein Huf verhallt in der Ferne dort.

Ausblick

Wie war nun das eigentlich mit Gaienhofen und unserem Leben gewesen? War es nur eine Episode, flüchtig und vergänglich, acht Jahre verspielt, ein schöner Traum? Es war gut und notwendig. Hier besannst du dich auf dich selbst und kamst an den Scheideweg. Von hier aus zogst du hinaus in die Welt, nach Indien und nach Bern, ins stille Weltihaus am Melchenbühlweg, nahe der Stadt und doch abseits, und wurdest glücklich unglücklich, sieben Jahre lang. Und zogst weiter in den Süden, ins Tessin, wohin es dich immer gezogen, ins alte Camuzzihaus, in dein Zauberschloß. Das gab dir viel, den Garten und den Kameraden, am meisten Leid und am meisten Glück, Armut, Einsamkeit und Ruhm, – dich selber.

Und jetzt wohnst du dort im neuerbauten Haus, herrschaftlich, Herr und Meister, es ist dir fast zu groß geworden, zu nobel. Du hast alles, was dein Herz begehrt und bist, was du als Jüngling erträumt, ein Fürst unter den Dichtern – und leidest Schmerzen, brennender als je. Und ich lebe noch hier in Gaienhofen und stehe am Marterpfahl, die Pfeile regnen auf mich und ich lächle . . .

Und wenns auch um mich schwirrt, es war kein Spiel.
Und hab ich geirrt – ich bin am Ziel.

Und immer wieder klingt ein Ruf zwischen uns, von einem zum anderen, wir hören uns und könnens nicht lassen. Ich habe in diesen Jahren viele Verse gemacht wie du, und das Herz schwoll mir, da ich hinüber blicke in das Land, in dem du wohnst, tausend Meter vor meinem Fenster – das uns verschlossen ist. Der letzte Vers aber heißt:

Da schlug ein Gott den Freiheitstraum in Stücke
Und überwölbt den alten Bodensee
Mit einer regenbogenzarten Brücke.
Und wieder ruht die Schweiz – geliebt wie je.

Das Ende

Ich weiß es wohl, daß noch die Sonne scheint.
Das Leben wechselt zwischen hell und dunkel.
Ich habe mir die Augen ausgeweint,
Und bin noch froh am leisesten Gefunkel.

Die Rosen sind verblüht, der Kelch ist leer,
Ein Stern noch schimmert mir auf schmalem Pfade.
Das Leben war so schön, so leicht, so schwer. –
So ist das Ende. Tod ist Gnade.

Steisslingen
Homburg
Saubach
Hausen a.d. Aach
Aach
Friedingen
Stahringen
Güttingen
Mögginge
Schloss
Reute
SINGEN a.H.
SEE
Böhringen
RADOLF ZELL
Überlingen a.R.
Rielasingen
Arlen
Hard-Bg
Worblingen
Aach
Moos
Bohlingen
MARKELFINGER WINK
ZELLER SEE
Iznang
Gundholzen
Bankholzen
Weiler
Horn
Schrotzbg.
Schienen
Balisheim
Gaienhofen
SCHIENERBERG
HÖRI
Hemmenhofen
Wangen
Hohenklingen
STEIN a.Rh.
Öhningen
STECKBOR
Glarisegg
SEE
Burg
Eschenz
Mammern
SCHW
Bornhusen
Lanzenneunforn
Dettighofen
Hüttwilen
Herdern